学校永远不教的
30堂感恩课

XUEXIAO YONGYUAN BUJIAODE

30 Tang Ganenke

钟国新◎编著

中国财富出版社

图书在版编目（CIP）数据

学校永远不教的 30 堂感恩课 / 钟国新编著 . —北京：中国财富
出版社，2013.4
ISBN 978 - 7 - 5047 - 4621 - 4

Ⅰ.①学…　Ⅱ.①钟…　Ⅲ.①品德教育—中国—青年读物　②品德
教育—中国—少年读物　Ⅳ.①D432.62

中国版本图书馆 CIP 数据核字（2013）第 042213 号

策划编辑	黄　华		责任印制	方朋远
责任编辑	张艳华　卢海坤		责任校对	杨小静

出版发行	中国财富出版社（原中国物资出版社）	
社　　址	北京市丰台区南四环西路 188 号 5 区 20 楼	邮政编码　100070
电　　话	010 - 52227568（发行部）	010 - 52227588 转 307（总编室）
	010 - 68589540（读者服务部）	010 - 52227588 转 305（质检部）
网　　址	http://www.cfpress.com.cn	
经　　销	新华书店	
印　　刷	北京京都六环印刷厂	
书　　号	ISBN 978 - 7 - 5047 - 4621 - 4/D · 0086	
开　　本	710mm×1000mm　1/16	版　　次　2013 年 4 月第 1 版
印　　张	13.75	印　　次　2013 年 4 月第 1 次印刷
字　　数	177 千字	定　　价　29.80 元

前　言

"感恩的心，感谢有你，伴我一生，让我有勇气做我自己。感恩的心，感谢命运，花开花落，我一样会珍惜。"

这首《感恩的心》使人感动，是因为它告诉我们，没有阳光，就没有温暖；没有水源，就没有生命；没有父母，就没有我们自己；没有亲情、友情和爱情，世界就会是一片孤独和黑暗，为了使我们生活得更好、更快乐，我们需要一颗感恩的心。

伴着第一声啼哭，我们来到了这个美丽的世界。自从看到第一眼朝阳，我们便开始了生活。从磕磕碰碰到健步如飞，从懵懂无知到日渐成熟，在这个过程中，我们不断地接受别人对我们的关心和帮助，也许并不能一一回报，但是我们应该时刻怀有一颗感恩的心，对他们心存感激。

感恩父母，因为是他们把我们带到这个世界上，给了我们无私的关爱和关怀，为我们遮风挡雨，辛勤工作。

感恩祖国，因为如果没有祖国的繁荣昌盛，便不会有今天的幸福生活，祖国母亲给了我们健康成长的摇篮，给了我们日渐强大的发展空间。

感恩自然，我们在它的羽翼下生活和工作，欢笑和成长，它是美丽的，它是无私的，它给予我们一切。

感恩朋友，是他们在我们遇到困难的时候伸出援助之手；在我们高兴的时候，陪我们欢笑，并送出最真挚的祝福。

感恩老师，没有他们的辛勤教导，我们不会获得这么多知识。他们不仅教给我们课本上的东西，还教给我们做人的道理。

感恩对手，是他们给了我们重新认识自己的机会和再次拼搏的勇气，在不断的较量中汲取能量，慢慢走向成功。

感恩生活，每一天的生活都是美丽的，让我们在漫长岁月的季节里拈起生命的美丽，不断诠释新的含义。

学会感恩，学会理解爱、给予爱，学会用宽阔的胸襟包容生活。我们不能摒弃这样一种包含真善美的情怀，就像我们无法抛弃生活一样。正因为我们学会了感恩，才会发现生活中有很多感人之处；正因为生活要求我们用感恩的心态去面对，我们才知道生活的意义。

感恩有你，感恩有我，愿大家在人生道路中时刻感恩，勇敢面对生活！

作　者
2013 年元旦

目　录

1 心怀感恩，每天都是感恩节

美国人喜欢过感恩节，也总是会有感恩的情结。据说罗斯福总统就常怀感恩之心。有一次家里失盗，被偷去了许多东西，一位朋友闻讯后，忙写信安慰他。罗斯福在回信中写道："亲爱的朋友，谢谢你来信安慰我，我现在很好，感谢上帝：因为第一，贼偷去的是我的东西，而没有伤害我的生命；第二，贼只偷去我部分东西，而不是全部；第三，最值得庆幸的是，做贼的是他，而不是我。"对任何一个人来说，被盗绝对是不幸的事，而罗斯福却找出了感恩的三条理由。这与美国人从小学习感恩、过感恩节的习俗是分不开的。

每年11月的最后一个星期四是感恩节。感恩节是美国人民独创的一个古老节日，也是美国人合家欢聚的节日，因此美国人提起感恩节总是倍感亲切。

感恩节的由来要追溯到美国历史的发端。1620年，著名的"五月花"号船满载不堪忍受英国国内宗教迫害的102名清教徒到达美洲。1620年和1621年之交的冬天，他们遇到了难以想象的困难，处在饥寒交迫之中，冬天过去时，活下来的只有50多人。这时，心地善良的印第安人给移民送来了生活必需品，还特地派人教他们怎样狩猎、捕鱼和

1

种植玉米、南瓜。在印第安人的帮助下，移民们终于获得了丰收，在欢庆丰收的日子，按照宗教传统习俗，移民规定了感谢上帝的日子，并决定为感谢印第安人的真诚帮助，邀请他们一同庆祝节日。

在第一个感恩节的这一天，印第安人和移民欢聚一堂，他们在黎明时鸣放礼炮，列队走进一间用做教堂的屋子，虔诚地向上帝表达谢意，然后点起篝火举行盛大宴会。第二天和第三天又举行了摔跤、赛跑、唱歌、跳舞等活动。第一个感恩节非常成功。其中许多庆祝方式流传了300多年，一直保留到今天。

最初，感恩节没有固定日期，由各州临时决定，直到美国独立后，感恩节才成为全国性的节日。

每逢感恩节这一天，美国举国上下热闹非常，人们按照习俗前往教堂做感恩祈祷，城乡市镇到处都有化装游行、戏剧表演或体育比赛等。劳燕分飞了一年的亲人们也会从天南海北归来，一家人团团圆圆，品尝美味的感恩节火鸡。

感恩节的食品富有传统特色。火鸡是感恩节的传统主菜，通常是在火鸡肚子里塞上各种调料和拌好的食品，然后整只烤出，由男主人用刀切成薄片分给大家。此外，感恩节的传统食品还有甜山芋、玉蜀黍、南瓜饼、红莓苔子果酱等。

感恩节宴会后，人们有时会做些传统游戏，比如，南瓜赛跑是比赛者用一把小勺推着南瓜跑，规则是不能用手碰南瓜，先到终点者获胜。比赛用的勺子越小，游戏就越有意思。

多少年来，庆祝感恩节的习俗代代相传，无论在岩石嶙峋的西海岸还是在风光旖旎的夏威夷，人们几乎都以同样的方式欢度感恩节。感恩节是不论何种信仰、何种民族的美国人都庆祝的传统节日。

感恩节的故事

在很多年前，某个感恩节的早上，有对年轻夫妇却极不愿醒来，因为他们不知道如何以感恩的心度过这一天，要知道他们实在是太穷了。感恩节的"大餐"想都别想，能有点简单的食物吃就不错了。

如果早先能跟当地的慈善团体联络，或许就能分得一只火鸡及烹烤的佐料，可是就跟其他爱面子的不少家庭一样，他们没有这么做。

正所谓贫贱夫妻百事哀，没多久这对夫妇就争吵起来。随着双方越来越烈的火气和咆哮，在这个家庭最小的孩子眼里，只觉得自己是那么得无奈和无助。然而命运就在此刻改观了……

沉重的敲门声在耳边响起，男孩前去应门，一个高大男人赫然出现在他眼前，穿着一身皱巴巴的衣服，满脸的笑容，手提着一只大篮子，里头满是各种能想到的应节东西：一对火鸡、配料、厚饼、甜薯及各式罐头等，全是感恩节大餐必不可少的。

这家人一时都愣住了，不知道是怎么一回事，门口的那个人随之开口道："这份东西是一位知道你们有需要的人要我送来的，他希望你们晓得还是有人在关怀和爱你们的。"

起初，这个家庭中做爸爸的还极力推辞，不肯接受这份礼，可是那人却说："得了，我也只不过是个跑腿的。"带着微笑，他把篮子搁在小男孩的臂弯里转身离去，身后传来了这句话："感恩节快乐!"

从那一刻，小男孩的生命从此就不一样了。虽然只是那么小小的一个关怀，却让他晓得人生始终存在着希望，随时有人——即使是个"陌生人"——在关怀着他们。在他内心深处，油然兴起一股感恩之情，他发誓日后也要以同样的方式去帮助其他有需要的人。

到了 18 岁时，他终于有能力来兑现当年的诺言。虽然收入还很微薄，在感恩节里他还是买了不少食物，不是为了自己过节，而是去送给两户极为需要的家庭。

他穿着一条老旧的牛仔裤和一件 T 恤，假装是个送货员，开着自己那辆破车亲自送去，当他到达第一户破落的住所时，前来应门的是位拉丁籍妇女，并带着提防的眼神望着他。她有三个孩子，可是就在几天以前，她的丈夫抛下他们不告而别。

年轻人开口说道："我是来送货的，女士。"随之他便转过身子，从车里拿出装满了食物的袋子及盒子，里头有一对火鸡、配料、厚饼、甜薯及各式罐头。见此，那个妇女当场傻了眼，而孩子们也爆出了高兴的欢呼声。

忽然这位年轻妈妈抓起年轻人的手臂，没命地亲吻着他，并激动地喊着："你一定是上帝派来的！"年轻人有些腼腆地说："哦，不，我只是个送货的，是一位朋友要我送来这些东西的。"

随之，他便交给妇女一张字条，上头写着："我是你们的一位朋友，愿你一家都能过个快乐的感恩节，也希望你们知道有人在默默地爱着你们。今后你们若是有能力，就请同样把这样的礼物转送给其他有需要的人。"

年轻人把一袋袋食物不停地搬进屋子，使得兴奋、快乐和温馨之情达到最高点。当他离去时，那种人与人之间的亲密之情让他不觉热泪盈眶。回首瞥见那个家庭里的一张张笑脸，他对自己能有余力帮助他们而开心不已。

他的人生竟是一个圆满的轮回，年少时期的"悲惨时光"原来是上帝的祝福，指引他一生以帮助他人来丰富自己的人生。就从那两次的行动开始，他展开了不懈的追求，直到今日。

以行动回报当年所得到的帮助，提醒那些受苦的人们天无绝人之路，总是有人在关怀他们，不管所面对的是多大的困难，即便是自己所知有限、能力不足，但只要肯拿出实际行动，就能从中学到宝贵的功课，寻着自我成长的机会，直至最终获得长远的幸福。

光辉的蜡烛

有一位单身女子搬到了新家，她发现隔壁住的是一个寡妇与她的两个小孩子，看起来很穷的样子。

有一天晚上，那一带忽然停了电，单身女子只好点起了蜡烛。没一会儿，忽然听到有人敲门。

打开门后，原来是隔壁邻居的小孩子，只见他紧张地问："阿姨，请问你家有蜡烛吗？"

单身女子心想："他一定是来借蜡烛的，千万别借给他们，否则借了一次，就有第二次，不能开这个头。"

于是，她没好气地对孩子说："没有！"

正当她准备关上门时，那个小孩微微笑着说："我就知道你家一定没有！"说完，竟从怀里拿出两根蜡烛，说："妈妈和我怕你一个人住又没有蜡烛，所以我带来两根送你。"

单身女子感到一阵自责，感动得热泪盈眶，将那小孩紧紧地拥在怀里。

感恩老天给予的健康

记得小时候有一次和爸爸回老家平遥过年，上车后却发现有个妇人坐在我们的位子上，爸爸示意我先坐在她旁边的位子，却没有请这位妇人让位。我仔细一看，发现她左脚有一点不方便，才了解爸爸为何不请她让出位子。

爸爸就这样从北京一直站到平遥，从头到尾都没向这位女士表示这个位子是他的，下了车之后，我心疼地对爸爸说："让位是帮助人的行为，是好的，但从北京到平遥这么久，大可中途请她把位子还给你，换你坐一下。"

爸爸却说："人家不方便了一辈子，我们也就不方便这几个小时而已。老天给了我们健康的身体，我们要学会感恩。"听到爸爸这么说，我相当感动，有这么一位善良又为善不欲人知的好父亲，让我觉得世界都变得美好许多。

感恩生活的每一处细节

在西方国家，每到感恩节，大家都会相聚一堂分享一顿丰盛的大餐，并互相诉说各自生命中所拥有的那些让他们心怀感激的事。

也许有人会不解，为什么有些人明明很穷，生活也不尽如人意，却还是要感恩呢？比如，我没有烘干机，但是我也是最近才开始对没有这么个东西而感到万分庆幸的。

大概在一年以前，我的那台烘干机坏掉了。然后我们搬入了这所房子，这里既没有空间也没有用于连接烘干机的管子。因为暂时没钱来买一台新的烘干机，我就只得认命了，而且觉得这样也挺好的。

我把每一个晴天都利用起来。现在，就有三大筐衣服在外面迎风起舞，似在与风嬉戏。晾衣服让我有机会享受阳光洒面的感觉，聆听鸟儿嗽嗽歌唱。还有那种味道，嗅一嗅就能把我带回一个遥远的夏日午后——那时候我的母亲正在晾衣服，而我正忙于用肥皂大力搓洗布娃娃的裙子。妈妈给了我满满一铁桶水，而我唯一可抱怨的就是水太冷了。尽管只有 6 岁，但我还是觉得热水的去污能力比较强。

当衣服洗得干干净净后，妈妈会帮我把它们晾在绳子上。当衣服干了之后，我就把它们从绳子上取下来，我最喜欢把鼻子埋在干净的衣服里，闻着洁净的革麻织物和毛巾的香味是多么舒心啊。

回到现在，看到女儿的小衣服挂在她爸爸的超大号衣服旁边，我怎能不微笑呢？儿子的衣服则越来越与丈夫的难以区分。他在茁壮成长，而这些成长的证据正轻拂着我的脸。

我一边晾衣服，一边任 14 个月大的女儿佳儿在院子里跑来跑去。她总是去捡落在地上的烂核桃吃，但总是发现它们不怎么好吃。

历史总会重演——我都料到了。简单的事物带给我欢乐，甚至缺东少西也能带来欢乐。

要做到这些，只需要拥有一颗感恩的心。感恩是一种美德，更是一种境界。感恩，在于你不只看到你没有的或失去的，还能看到上帝所给予你的。

2 孝敬父母，让感恩实实在在

　　无论古今中外，父母都是我们人生的第一任老师，从一个孩子呱呱坠地的那一刻起，他的生命就倾注了父母无尽的爱与祝福。或许，父母不能给我们奢华的生活，但是，他们给予了我们一个人一生中不可替代的生命。

　　父母为子女撑起了一片爱的天空，当你受伤时、哭泣时、忧郁时、难过时，你可以随时回到这里，享受父母的爱，这便是他们的幸福了。感恩父母，哪怕是一件微不足道的事，只要能让他们感到欣慰，这就够了。我记得央视曾播过一则感人的广告：一个大眼睛的小男孩，吃力地端着一盆水，天真地对妈妈说："妈妈，洗脚！"就是这样的一则广告时至今日，仍在热播。其动人的原因，不是演员当红，而是它的感情动人心腑，不知感染了多少天下的儿女。很多人为其流泪，不止为了那个可爱的男孩，也为了那一份至深的爱和发自内心的感恩。这样的事，每个人都能够做到，却又不愿去做。试问：你们的感恩在哪里？

子路借米的故事

　　中国历来有句古语：百善孝为先。在中国的悠久传统里，孝敬父母是在各种美德中占第一位的。一个人如果都不知道孝敬父母，就很难想象他会热爱祖国和人民。古人说，"老吾老，以及人之老；幼吾幼，以及人之幼。"我们不仅要孝敬自己的父母，还应该尊敬别的老人，爱护年幼的孩子，在全社会养成尊老爱幼的淳厚民风。子路，春秋末鲁国人。在孔子的弟子中以政事著称，尤其以勇敢闻名。但子路小的时候家里很穷，长年靠吃粗粮野菜等度日。

有一次，年老的父母想吃米饭，可是家里一点米也没有，怎么办？子路想到要是翻过几道山到亲戚家借点米，不就可以满足父母的这点要求了吗？于是，小小的子路翻山越岭走了十几里路，从亲戚家背回了一小袋米，看到父母吃上了香喷喷的米饭，子路忘记了疲劳。邻居们都夸子路是一个勇敢孝顺的好孩子。

包拯辞官侍母

包拯即包公，也就是现在影视上经常出现的大名鼎鼎的包青天，字希仁，庐州合肥（今安徽合肥市）人，父亲包仪，曾任朝散大夫，死后追赠刑部侍郎。包公少年时便以孝而闻名，性直敦厚。在宋仁宗天圣五年，即公元 1027 年中了进士，当时 28 岁。先任大理寺评事，后来出任建昌（今江西永修）知县，因为父母年老不愿随他到他乡去，包公便马上辞去了官职，回家照顾父母。他的孝心受到了官吏们的交口称颂。

几年后，父母相继辞世，包公这才重新踏入仕途。这也是在乡亲们的苦苦劝说下才去的。在封建社会，如果父母只有一个儿子，那么这个儿子不能扔下父母不管，只顾自己去外地做官。一般情况下，父母为了儿子的前程，都会跟随去的。父母不愿意随儿子去做官的地方养老，这在封建社会是很少见的，因为这意味着儿子要遵守封建礼教的约束——辞去官职照料自己。历史书上并没有说明具体原因，可能是父母有病，无法承受路上的颠簸，包公这才辞去了官职。

不管怎样，包公能主动地辞去官职，还是说明他并不是那种迷恋官场的人。所以包公除了铁面无私以外，更是孝敬父母、感恩父母的典范。

为父暖被的小黄香

东汉时的黄香，是历史上公认的"孝亲"的典范。黄香小时候，家境困难，10岁失去母亲，父亲多病。闷热的夏天，他在睡前用扇子赶打蚊子，扇凉父亲睡觉的床和枕头，以便让父亲早一点入睡；寒冷的冬夜，他先钻进冰冷的被窝，用自己的身体暖热被窝后才让父亲睡下；冬天，他穿不起棉袄，为了不让父亲伤心，他从不叫冷，表现出欢呼雀跃的样子，努力在家中营造一种欢乐的气氛，好让父亲宽心，早日康复。

怀念母亲的周恩来

人民的好总理周恩来同志在很小的时候，就由守寡的嗣母陈氏带在身边抚养，她把全部感情和心血都倾注在对恩来的抚养和教育上，恩来称陈氏为"娘"，陈氏给他请来一个乳母，叫蒋江氏，一起住在西院的小屋里。周恩来4岁时，嗣母就教他识字；5岁时，送他进私塾读书。嗣母对他要求很严格，每天黎明时刻就叫他起来，亲自在窗前教他读书。有一次，恩来玩刀子，几乎伤了他的眼睛。于是，陈氏更不许他轻易出去，整天把他关在屋里念书。空暇时，就教他背唐诗，给他讲故事，如《天雨花》《再生缘》等。

1904 年，6 岁的周恩来随同父亲、生母、嗣母和弟弟，一起搬到清河县清江浦（今江苏省清江市）居住，并到外祖父家的家塾里读书。外祖父家里人很多，家族间发生了纠纷，常邀请他生母去调解。

由于时局动荡，家里的经济境况一天不如一天。父亲为人老实胆小，到清江浦后，只谋得一个月薪 16 元的小差使。于是家里常常靠借钱过日子。他的生母又劳累又愁闷，很快就一病不起。那是 1907 年上半年的事。夏天，嗣母带他到宝应县她堂兄家住过两个月，后来仍回到清江浦。次年 7 月间，嗣母又被肺结核夺去了生命。

周恩来对陈氏怀有特别深厚的感情，他写过一篇《念娘文》，可惜由于战乱没有保存下来。抗战胜利后他在重庆对记者说："38 年了，我没有回过家，母亲墓前想来已白杨萧萧，而我却痛悔着亲恩未报。"

为老母洗屎尿裤的陈毅

20 世纪 60 年代初，陈毅时任国务院副总理兼外交部长，日理万机，公务繁忙。那年，陈毅 62 岁，他出国访问归来，得知老母病重，下了飞机就去看望。陈毅刚跨进家门，就看见老母让身边照顾她的保姆藏起了什么东西，忙问："娘，你把什么东西藏在床下了？"母亲眼看瞒不过去，只好如实告诉儿子藏起来的是她刚尿湿的裤子。陈毅听了，动情地说："娘，您久病在身，我不能在您身边侍候您老人家，心里着实难受。这裤子我马上拿去洗了，还藏着做啥子？"好说歹说，保姆怎么也不让陈毅洗，觉得让这么大的官去洗屎尿裤子，多不好。母亲也劝阻道："你好不容易回家一趟，一进门就让你洗脏裤子怎么行？"陈毅说："我不是说着玩儿的，您就允了吧。我小的时候，您不知多少次给我洗尿布屎裤。现在，儿子有机会为您老人家洗一洗脏裤，虽然不能报答您的养育之恩，也总算尽了一份孝心吧。"不容再推辞，陈毅便躬下身从床下拿出母亲的尿裤和其他脏衣服，一起去洗得干干净净。

毛泽东与文七妹

毛泽东对母亲文七妹感情很深。1918 年夏，他从长沙赴北京前夕，十分挂念在外婆家养病的母亲，特地请人开了一个药方寄给舅父。次年春返回长沙，便把母亲接来就医。10 月 5 日，文七妹患瘰疬（俗称疬子颈）病逝，终年 52 岁。毛泽东日夜兼程从长沙赶回韶山守灵，并含泪写下一篇情义深长的《祭母文》。他这样追念母亲——"吾母高风，首推博爱。远近亲疏。一皆覆载。恺恻慈祥，感动庶汇。爱力所及，原本真诚。不作诳言，不存欺心……洁净之风，传遍戚里。"当时，毛泽东还给同学邹蕴真写信说：世界上有三种人，损人利己的，利己而不损人的，可以损己以利人的，自己的母亲便属于第三种人。母亲对他的影响力，在他的一生中都可以清楚地看出来。母亲去世后，毛泽东把父亲毛顺生接到长沙住了一阵。父亲后来不再干涉他的选择，继续供他上学。毛泽东是很感激的。毛顺生于 1920 年 1 月 23 日患急性伤寒去世，时年 50 岁。

回忆我的母亲——朱德

1944 年 2 月 15 日，朱德的母亲钟太夫人在家乡四川仪陇病逝。朱德万分悲痛，同年 4 月 5 日著《回忆我的母亲》一文，以无限的深情赞颂母亲的优秀品质，寄托哀思。

朱德开篇写道：得到母亲去世的消息，我很悲痛。我爱我母亲，特别是她勤劳的一生，很多事情是值得我永远回忆的。他在一封写给外甥的家信中说，"外祖母大人因年老关系，今年不比往年健康，但仍不辍劳作，尤喜纺棉。"

"我应该感谢母亲，她教给我生产的知识和革命的意识，鼓励我以后走上革命的道路。在这条道路上，我一天比一天更加认识到：只有这种知识、这种意识，才是世界上最可宝贵的财产。"最后，朱德满怀深情地写道，"母亲现在离开我而去，我将永远不能再见她一面了，这个哀痛是无法补救的。母亲是一个平凡的人，她只是中国千百万劳动人民中的一员，但是，正是这千百万人创造了和创造着中国的历史。我用什么方法来报答母亲的深恩呢？我将继续尽忠于我们的民族和人民，尽忠于我们的民族和人民的希望——中国共产党，使和母亲同样生活着的人能够快乐地生活。这是我能做到的，一定能做到的。"

邓小平赡养继母

对邓小平来说，夏伯根既不是他的生母，也不是养母，而是继母。邓小平对这样一位正直、善良、勤劳、肯干的继母特别敬重和爱戴。15岁的邓小平，当年顺长江南下，走出重庆，走出四川。之后，邓小平率领千军万马前来解放大西南，又回到四川，回到了重庆。四川解放后，邓小平坐镇重庆，任中共西南局第一书记，是中央下属几大行政区域之一的最高官员。这时的邓小平已是45岁的中年人了。有了一个安稳的家庭后，邓小平就承担起赡养继母的义务。邓小平调中央工作后，他把继母一同带到北京。跟随邓小平一家生活的这些年里，邓小平夫妇待继母如亲母，从不分你我，在饮食、卫生、穿戴等生活的各方面，十分周全地照顾老人、安抚老人，使她晚年心情愉快。值得一提的是，在邓小平被打倒"流放"到江西住"牛棚"的日子里，邓小平为了照顾卓琳的身体，又不肯让年事已高的继母再承担过重的家务，便独自挑起了家务劳动的重担，劈柴、生火、擦地等重活脏活邓小平都亲自干。夏伯根老人能够高寿，与邓小平夫妇对她几十年如一日的爱戴、敬重、关心、照顾是分不开的。

冯玉祥的"悼母诗"

冯玉祥不仅是一位著名的爱国将领，还是一个有名的大孝子。

冯玉祥将军一生对母亲非常孝顺，母亲病故之后，他痛苦伤心地大病了一场。从此以后，每逢自己过生日便闭门谢客，不吃饭，有时实在饿得头昏心慌也只在晚上吃上一顿饭，以此来纪念母亲的生养之恩。1945 年，他写了一首《十月怀胎》的悼母诗：娘怀儿一个月不知不觉，娘怀儿两个月才知其情，娘怀儿三个月饮食无味，娘怀儿四个月四肢无力，娘怀儿五个月头晕目眩，娘怀儿六个月身重如山，娘怀儿七个月提心吊胆，娘怀儿八个月不敢笑谈，娘怀儿九个月寸步艰难，娘怀儿十个月才到世间。

为了将这首悼母诗"铭刻在心，永世不忘"，冯玉祥将军请人把诗特意刻在石碑上。

这首诗情真意切、通俗纯朴，字字句句洋溢着一片敬母、爱母、惜母之情，感人肺腑，令人敬佩，给人教诲，至今仍广为流传。

3 一日为师，终生感恩

有句古话叫"一日为师，终身为父"，感恩老师，给我们前进的动力；感恩老师，给我们飞翔的翅膀；感恩老师，给我们指明人生的方向；感恩老师，给我们放眼世界的慧眼……老师就像是一支红烛，一点一点地融化我们心灵的冰川，走近我们的心灵，让我们远离寂寞。她给我们的爱，轻轻的，柔柔的，像茉莉一般，散发着沁人心脾的香味。老师的爱，无私中透露着平凡，却又暗含一些伟大。它像一股暖流，渗入我们的心田；像一种呼唤，帮助我们落寞的心灵找到回家的路；像一阵春风，给我们温暖和温馨。我们的老师，没有华丽的舞台，没有簇拥的鲜花，一支支粉笔是他们耕耘的犁头；三尺讲台，是他们奉献的战场。他们的幸福，是桃李满天下，是学生唤他的一声"老师"。感恩老师，用优异的成绩，用可骄的成功，用你一点一滴的进步来告诉老师——"老师，谢谢你"。

用感恩的力量射三支箭

宋朝时，岳武穆王的老师周同的力气很大，可以拉开三百斤的弓箭。当周同死了之后，每到初一、十五，岳武穆王一定到老师的墓前祭

15

拜,并且痛哭一番。在痛哭后,必定会拿起老师所送的三百斤的弓发出三支箭才回去。他这份念念不忘师恩的真情,造就了他日后精忠报国的忠心。

身居高位仍尊敬师长

桓荣是汉明帝的老师,而明帝对老师一向非常尊敬。有一次明帝到太常府去,在那里放了老师的桌椅,就请老师坐在东边的方位,又将文武百官都叫来,当场行师生之礼,亲自拜桓荣为老师。明帝能放下自己尊贵的身份来恭敬老师,可见他的用心与风范,值得大家学习。

程门立雪,学会感恩

宋朝时,有游酢、扬时两人跟着程颐老夫子学习,他们对老师非常的恭敬。在冬季的某一天,这两位学生陪着老师,并听老师教诲。说了一会儿,夫子便闭目养神,不知不觉地睡着了。他们两个不敢离开,又怕吵醒夫子,就静静地站在两旁等夫子醒来。夫子醒来见他们两位还站在旁边,便说:"你们还没走啊!"他们两个回答:"我们是因为先生睡着了,没有请命,不敢离去!"于是再把书中有疑问的地方请教夫子,最后才向夫子拜辞。出门的时候他们才发现雪已经积了三尺深。这两位学生,后来也都成为很有名的人。

举凡弟子要能够成才,首先要懂得向老师虚心求教,而在跟随老师的同时,就应该要明白恭敬侍奉师长的道理。须知父母养育我们,师长教导我们,是一样的恩泽,怎么可以不尊敬呢!而且,一个能尊敬老师的人,也就能重视学业;相对的,也就是尊重自己。游酢、扬时尊师重道的精神，值得大家去体会、学习。

尊师重道终成大器

东汉时代，有一位名叫魏昭的人，当他还在童年求学的时候，看到郭林宗，心想这是一位难得的好老师，便对人说："教念经书的老师是很容易请到的，但是要请到一位能教人成为老师的人，就不容易找到了。"所以他就拜郭林宗为老师，而且派奴婢侍奉老师。但是郭林宗体弱多病，有一次他让魏昭亲自煮粥给他吃。当魏昭端着煮好的粥进来的时候，郭林宗便呵责他煮得不好，而魏昭就再煮一次。这样一连三次，到了第四次，当魏昭再端粥来而又没有不好的脸色时，郭林宗才笑着说："我以前只看到你的外表，今天终于看到你的真心啦！"于是大喜，将毕生所学全部教给了魏昭，而魏昭也终成大器。

当我们真心地对待他人的时候，他人也必定会以真心回报我们的。

恭敬师傅的善报

明朝时在四川灌县有一位银匠，名叫何云发，他平日侍奉师傅非常恭敬诚恳。每次若在道路上遇到师傅，他一定双手拱立，诚心敬意地向师傅问好。不久他的家渐渐地富有起来，但是结婚多年却一直没有子女，有一天他妻子梦到神来托梦说："你命中本来注定没有子女，但因你的丈夫懂得恭敬师傅，所以上天许你生个贵子。"后来他们夫妇果真生了贵子，并得到这贵子的孝顺供养，一生衣食丰厚。

不忘师恩的华罗庚

著名数学家华罗庚成名之后不止一次说过："我能取得一些成就，

全靠我的教师栽培。1949 年，华罗庚从国外回来，马上赶回故乡江苏金坛县，看望发现他数学才能的第一个"伯乐"——王维克老师。他在金坛作数学报告时，特地把王老师请上主席台就座，进会场时让老师走在前面，就座时只肯坐在老师的下首。

李宗仁尊师若父

李宗仁幼年的教师曾其新，驼背弯腰，人们戏称"曾背锅"。别看其形陋貌丑，李宗仁却对其敬若父辈。因曾其新年老无依，长期随军，由李宗仁出钱奉养。李宗仁还在司令部驻地附近修建房屋，给老师静居。并派一名副官专门侍奉，李宗仁每天还要亲去问安。李宗仁的另一名姓朱的老师，也长期随李宗仁起居。李宗仁对其照顾无微不至。老河口的老百姓都说，在李将军身上，真正体现了"一日为师，终身为父"的师生之爱，得恩不忘报，实乃大丈夫。

老师，感谢你们

"感恩的心，感谢有你，伴我一生，让我有勇气做我自己。感恩的心，感谢命运，花开花落，我一样会珍惜……"每当这悦耳的歌曲响起，我都会情不自禁地想起我的老师们，是他（她）们，在讲台上、书桌旁，寒来暑往，春夏秋冬，撒下心血点点，辛苦了，老师，我衷心地感谢老师这些年来的谆谆教导，祝愿老师们在今后的日子里幸福、健康、快乐！

老师是太阳底下神圣的职业。人们都说老师像蜡烛，燃烧自己，照亮别人。的确如此，对于我们的成长而言，老师是文化的传播者，带领我们在知识的海洋中遨游；老师是我们成长的领路人，教导我们如何做人、处事；老师是我们的朋友，尊重、理解、关心我们的成长；老师是我们的榜样，言传身教，使我们终身受益……

老师的爱看不见、摸不着，像许多家长一样有"望子成龙，望女成凤"之心，但是这种爱却滋润到了学生的心里。老师们呕心沥血，把自己的一生都默默无闻地投入到了自己心爱的教学事业上，我要感谢老师为我们付出的一切。

老师，感谢你们——用如歌的声音播撒爱的阳光；用温柔的双手抚慰我们不定的灵魂。感谢你们如蜡烛般燃烧自己，照亮我们；如粉笔般消磨自己，告诉我们知识；如桅杆般挺立，把我们引向彼岸。感谢你们用粉笔作桨，用思绪作帆，指引这艘载满希望与期盼的船只躲过那暗礁一样的难题，到达知识的殿堂。

风儿吹下一片落叶，承载着我们心中的同一句话：老师，感谢你们！

感恩是一首动人的诗歌

落叶在空中盘旋，谱写着一曲感恩的乐章，那是大树对滋养它的大地的感恩；白云在蔚蓝的天空中飘荡，绘画着那一幅幅感人的画面，那是白云对哺育它的蓝天的感恩。因为感恩才会有这个多彩的社会；因为感恩才会有真挚的友情；因为感恩才让我们懂得了生命的真谛。

从婴儿的"哇哇"坠地到哺育他长大成人，父母们花去了多少的心血与汗水，编织了多少个日日夜夜；从上小学到初中，乃至大学，又有多少老师为他呕心沥血，默默奉献着光和热，燃烧着自己，点亮着他人。

感恩是发自内心的。俗话说"滴水之恩，当涌泉相报。"更何况父母、亲友为你付出的不仅仅是"一滴水"，而是一片汪洋大海。你是否在父母劳累后递上一杯暖茶，在他们生日时递上一张卡片，在他们失落时奉上一番问候与安慰？他们往往为我们倾注了心血、精力，而我们又何曾记得他们的生日、体会他们的劳累，又是否察觉到那缕缕银丝、那一丝丝皱纹。感恩需要你用心去体会。

感恩是值得敬重的。居里夫人作为有名的科学家，曾两次获得诺贝尔奖，但她在会上看见自己的小学老师，用一束鲜花表达她的感激之情；伟人毛泽东也同样在佳节送上对老师的一份深深感激。自古以来的伟人无不有着一颗感恩的心，感激不需要惊天动地，只需要你的一句问候、一声呼唤、一丝感慨。

感恩是有意义的。爱让这个世界不停旋转。父母的付出远远比山高、比海深，而作为我们，只知饭来张口，衣来伸手。学会去感激别人是自己的一份良心，一份孝心，因为如此才会有和睦、有快乐、有彼此间的敬重。

怀着一颗感恩的心去看待社会、看待父母、看待亲朋，你将会发现自己是多么快乐。放开你的胸怀，让霏霏细雨洗刷你沉睡的心灵。学会感恩，因为这会使世界更美好，使生活更加充实。

4 感动常在，于小事见证感恩情怀

有位哲人说过，这个世界上唯一不缺的就是感动。让感动来带动感恩，让感恩走进我们每个人的心灵吧！因为，感恩可以消解内心所有积怨，感恩可以涤荡世间一切尘埃，感恩是一种歌唱方式，感恩是一种处世哲学，感恩更是一种生活的大智慧。懂得了感恩，学会了感恩，每个人便都会拥有无边的快乐和幸福。

一饭千金的由来

据《史记》记载，韩信小时家中贫寒，父母双亡。他虽然用功读书、拼命习武，然而，挣钱的本事却一个也不会。迫不得已，他只好到别人家吃"白食"，为此常遭别人冷眼。韩信咽不下这口气，就来到淮水边垂钓，用鱼换饭吃，经常饥一顿饱一顿。淮水边上有个老奶奶为人家漂洗纱絮，人称"漂母"。她见韩信挨饿挺可怜，就把自己带的饭分一半给他吃。天天如此，从未间断，韩信发誓要报答漂母之恩。韩信被封为"淮阴侯"后对漂母分食之恩始终没忘，派人四处寻找，最后以千金相赠。这就是"一饭千金"成语的来历。

乌鸦反哺的传说

《本草纲目·禽部》载："慈乌：此鸟初生，母哺六十日，长则反哺六十日。"大意是说，小乌鸦长大以后，老乌鸦不能飞了，不能自己找食物了，小乌鸦会反过来找食物喂养它的母亲。乌鸦反哺的故事经一代代的口授心传，已为许多人知晓。在某种程度上，萦绕在人们心头的"反哺情结"至今仍是维系社会及家庭走向和谐、温馨和安宁的重要力量。在传说中，乌鸦反哺是最让人感动的一个故事，乌鸦是一种通体溜黑、面貌丑陋的小鸟，因为人们觉得它不吉利而遭到人类普遍厌恶，正是这种遭人嫌恶，登不了大雅之堂、入不了水墨丹青的小鸟，却拥有一种真正的值得我们人类普遍称道的美德——养老、爱老，在养老、敬老方面堪称动物中的楷模。据说这种鸟在母亲的哺育下长大后，当母亲年老体衰、不能觅食或者双目失明飞不动的时候，它的子女就四处去寻找可口的食物，衔回来嘴对嘴地喂到母亲的口中，回报母亲的养育之恩，并且从不感到厌烦，一直到老乌鸦临终，再也吃不下东西为止。这就是人们常说的"乌鸦反哺"。

一杯牛奶的浓浓深情

一个生活贫困的男孩为了积攒学费，挨家挨户地推销商品。他的推销进行得很不顺利，傍晚时他疲惫万分，饥饿难耐，绝望地想放弃一切。

走投无路的他敲开一扇门，希望主人能给他一杯水。开门的是一位美丽的年轻女子，她笑着递给了他一杯浓浓的热牛奶。男孩含着眼泪把它喝了下去，从此对人生重新鼓起了勇气。许多年后，他成了一位著名的外科大夫。

一天，一位病情严重的妇女被转到了那位著名的外科大夫所在的医院。大夫顺利地为妇女做完手术，救了她的命。无意中，大夫发现那位妇女正是多年前在他饥寒交迫时给过他那杯热牛奶的年轻女子！他决定悄悄地为她做点什么。

一直为昂贵的手术费发愁的那位妇女硬着头皮办理出院手续时，在手术费用单上看到的是这样七个字——手术费：一杯牛奶。那位昔日美丽的年轻女子没有看懂那几个字，她早已不再记得那个男孩和那杯热牛奶。然而，这又有什么关系呢？

送给妈妈的玫瑰花

有位绅士在花店门口停了车，他打算向花店订一束花，请他们送给远在故乡的母亲。绅士正要走进店门时，发现有个小女孩坐在路上哭，绅士走到小女孩面前问道："孩子，为什么坐在这里哭？"

"我想买一朵玫瑰花送给妈妈，可是我的钱不够。"孩子说。

绅士听了感到心疼。"这样啊……"于是绅士牵着小女孩的手走进花店，先订了要送给母亲的花束，然后给小女孩买了一朵玫瑰花。走出花店时绅士向小女孩提议，要开车送她回家。"真的要送我回家吗？"

"当然啊！"

"那你送我去妈妈那里好了。可是叔叔，我妈妈住的地方，离这里很远。"

"早知道就不载你了。"绅士开玩笑地说。

绅士照小女孩说的一直开了过去，没想到走出市区大马路之后，随着蜿蜒山路前行，竟然来到了墓园。小女孩把花放在一座新坟旁边，她为了给一个月前刚过世的母亲献上一朵玫瑰花，而走了一大段远路。

绅士将小女孩送回家中，然后再度折返花店。他取消了要寄给母亲的花束，而改买了一大束鲜花，直奔离这里有五小时车程的母亲家中，他要亲自将花献给妈妈。

看不见的爱最珍贵

在一家叫"幸福"的小吃店里，每天中午都有一对中年夫妇来这儿吃米粉。妻子是个盲人。

每次来吃粉，丈夫扶妻子坐下后，就冲着里边叫道："大碗豆花米粉，两份。"然后把背上的二胡拿下来，靠在墙边，低头对妻子说："我去拿筷子，你坐着等我。"就转身去服务台拿筷子，然后顺便付了钱，并轻轻地和服务员说了几句什么话。回来坐下，不一会儿，米粉就上来了，两个人便开始吃。

一天中午，这一对夫妇又来吃粉。那丈夫照例搀扶妻子坐下后，大声嚷着："大碗豆花米粉，两份。"然后放下二胡，转身去拿筷子，付钱，和服务员低声说几句话，转回来坐下，等米粉端上来。

不一会儿，米粉端了上来，丈夫仔细地将豆花弄碎、拌匀，然后把碗送到妻子手上，把筷子塞到她的手中说："饿了吧？快吃。冷了就不好吃了。"然后自己也端起碗，大口大口地吃起来。妻子问道："你够吃了吗？你的饭量大，我匀一些给你吧。"丈夫忙说："不用不用，我的也是一大碗，足够我吃了。你赶紧吃你的吧。吃完了我们还要去卖艺赚钱呢。"

这时，隔壁桌的一个小男孩奇怪地盯着他们看了很久，然后突然跳下凳子，跑到这对夫妇面前，冲那个丈夫说道："叔叔，你的米粉弄错了，你不是要大碗的吗。他们肯定把你的弄错了，你赶紧去换吧。"

妻子愣了一下，伸手抓住丈夫的胳膊："你刚才不是说你的也是大碗吗？"丈夫忙拍拍妻子的手，笑着说："对啊，我的是大碗的啊。人家又不是对我说的，你紧张什么。"小男孩站在他们的桌边，执拗地望着他们，接着说道："不是，叔叔，我就是说你，你吃的这种不是大碗的，是小碗的。小碗要比大碗便宜一块钱呢，你赶紧去和服务员阿姨说吧。"

整个小吃店的人都望了过来，被小男孩提醒了的顾客们都奇怪地看着妻子面前的大碗和丈夫面前的小碗。小男孩跑到服务台："阿姨，你们把那个叔叔的米粉弄错了，他要的是两个大碗，你们却给他们一个大碗，一个小碗。"服务员听到了，忙说："没有弄错，每次他来付钱的时候都说自己要小碗的。"

那个丈夫手足无措，嗫嚅着说不出话来。妻子颤巍巍地伸出双手，摸索着寻找丈夫的碗。她捧住那只碗，眼泪"滴滴答答"地掉到了桌上："你一直骗我，一直骗我……"

丈夫慌了神："我不饿，真的不饿，你别这样，大家看了多不好啊？多不好……"边说着边扯起衣袖笨拙地为妻子擦着眼泪……

感恩的心

有一个天生失语的小女孩，爸爸在她很小的时候就去世了。她和妈妈相依为命。妈妈每天很早出去工作，很晚才回来。每到日落时分，小女孩就开始站在家门口，充满期待地望着门前的那条路，等妈妈回家。妈妈回来的时候是她一天中最快乐的时刻，因为妈妈每天都要给她带一块年糕回家。在她们贫穷的家里，一块小小的年糕就是无上的美味了。

有一天，下着很大的雨，已经过了晚饭时间了，妈妈却还没有回来。小女孩站在家门口望啊望啊，总也等不到妈妈的身影。天越来越黑，雨越下越大，小女孩决定顺着妈妈每天回来的路自己去找。她走啊走啊，走了很远，终于在路边看见了倒在地上的妈妈。她使劲儿摇着妈妈的身体，妈妈却没有回答她。她以为妈妈太累，睡着了。就把妈妈的头枕在自己的腿上，想让妈妈睡得舒服一点。但是这时她发现，妈妈的眼睛没有闭上！小女孩突然明白：妈妈可能已经死了！她感到恐惧，拉过妈妈的手使劲儿摇晃，却发现妈妈的手里还紧紧地拽着一块年糕……她拼命地哭着，却发不出一点声音……

雨一直在下，小女孩也不知哭了多久。她知道妈妈再也不会醒来，现在就只剩下她自己。妈妈的眼睛为什么不闭上呢？她是因为不放心她吗？她突然明白了自己该怎样做。于是擦干眼泪，决定用自己的语言来告诉妈妈她一定会好好地活着，让妈妈放心地走……

小女孩就在雨中一遍一遍用手语做着这首《感恩的心》，泪水和雨水混在一起，从她小小的却写满坚强的脸上滑过……"感恩的心，感谢有你，伴我一生，让我有勇气做我自己……感恩的心，感谢命运，花开花落，我一样会珍惜……"她就这样站在雨中不停歇地做着，一直到妈妈的眼睛终于闭上……

母爱是世界上最伟大的情感，妈妈用自己的生命诠释了"母亲"这个词语。感恩，是结草衔环，是滴水之恩涌泉相报。感恩，是值得你用一生去珍视的一次爱的教育。感恩，不是为求得心理平衡的喧闹的片刻答谢，而是发自内心的无言的永恒回报。感恩，让生活充满阳光，让世界充满温馨……

感谢别人的帮助

在一个闹饥荒的城市，一个家庭殷实而且心地善良的面包师把城里最穷的几十个孩子聚集到一块，然后拿出一个盛有面包的篮子，对他们说："这个篮子里的面包你们一人一个。在上帝带来好光景以前，你们每天都可以来拿一个面包。"

瞬间，这些饥饿的孩子仿佛一窝蜂一样拥了上来，他们围着篮子推来挤去大声叫嚷着，谁都想拿到最大的面包。当他们每人都拿到了面包后，竟然没有一个人向这位好心的面包师说声谢谢，就走了。

但是有一个叫培培的小女孩却例外，她既没有同大家一起吵闹，也没有与其他人争抢。她只是谦让地站在一步以外，等别的孩子都拿到以后，才把剩在篮子里最小的一个面包拿起来。她并没有急于离去，她向面包师表示了感谢，并亲吻了面包师的手之后才向家走去。

第二天，面包师又把盛面包的篮子放到了孩子们的面前，其他孩子依旧如昨日一样疯抢着，羞怯、可怜的培培只得到一个比头一天还小一半的面包。当她回家以后，妈妈切开面包，许多崭新、发亮的银币掉了出来。

妈妈惊奇地叫道："立即把钱送回去，一定是揉面的时候不小心揉进去的。赶快去，培培，赶快去！"当培培把妈妈的话告诉面包师的时候，面包师面露慈爱地说："不，我的孩子，这没有错。是我把银币放进小面包里的，我要奖励你。愿你永远保持现在这样一颗平安、感恩的心。回家去吧，告诉你妈妈这些钱是你们的了。"她激动地跑回了家，告诉了妈妈这个令人兴奋的消息，这是她的感恩之心得到的回报。

在获取帮助的时候要时刻心怀感恩，生活给他们带来了种种匮乏、不平、委屈，乃至悲伤，而感恩给了受助者适当的温度，孕育图强的动力、抗争的勇气。心灵上的匮乏比物质上的匮乏更令人恐惧，保持感恩之心，坦然面对挫折与失败。

5 幸福常在,感恩生命带给我们的快乐

感恩生命,生命本身就带给我们无限的快乐。

当甜梦温馨美好时,当月亮皎洁迷人时,当花季斑斓溢香时,当前程锦绣坦荡时,带着倔强的我们在求知路上拼搏;当无情的风、无情的浪突然袭来,也许只有悲观失望,只有忧愁叹息。这时,是我们的父母让我们看见敢上青天的雄鹰,看见敢下大海的巨龙;告诉我们,风雨之后依然是晴天,月缺之后依然是月圆。是他们带我们走出了生命的误区,是他们教会我们向困难挑战,是他们让我们在失败之后,重新扬起生命的风帆!

当年的雏鹰面对蓝天,他们一无所知,心里藏满解不开的谜;如今,他们凭借着强劲的翅膀翱翔天空,去寻找未知的答案。但不管他们飞得多高,飞得多远,一定不会忘记他们可爱的家,一定会感谢父母给他们的爱。

还记得你的第一个老师吗?还记得老师和你说的第一句话吗?还记得老师第一次教育你吗?为了那无数的第一次,匆匆架起心的小船,在大海里拼搏。几多付出,几多收获,在努力下,"心"的小船乘风破浪,驶向了我们的理想。在老师的帮助下,理想的庄园终于依稀可见

了！在人生的十字路口，是老师向我们伸出了热情的手，那手是路标，于是我们在彷徨中坚定，在思索中清醒。是老师让我们看见了广袤无垠的天空，是老师让我们看见了碧波荡漾的大海。

老师的谆谆教诲化作了我们脑中的智慧、胸中的热血、外在的行为。在人生旅途中，是老师丰富了我们的心灵，开发了我们的智力，为我们点燃了希望的光芒，给我们插上了理想的翅膀，遨游在知识的海洋里。因为有老师的一片爱心的浇灌，一番耕耘的辛劳，才会有桃李的绚丽，稻麦的金黄。当我们变成翱翔在天空中的雄鹰，当我们变成游动在大海里的蛟龙，这都是老师的功劳，所以我们要用"心"来感谢老师。良师，更不失为益友，难道不是吗？

如果一个人一生都没有朋友，那么可以说这个人的一生是失败的。同学的同窗友情，多年来的朝夕相处，会在一瞬间爆发，一瞬间感动。几年，虽然短暂，可我们一起歌唱友爱、歌唱希望、歌唱拼搏，融进了深情厚谊。人们常说，战友与同学的友谊是世界上最诚挚最永恒的友谊，我们拥有其一，难道我们不应该幸福吗？难道我们不应该感谢同学们给了我们这样的友谊吗？人生的岁月是一串珍珠；漫长的岁月是一组乐曲，而同窗友情是其中最璀璨的珍珠，最精彩的乐章。

我感谢我的父母，感谢我的老师，感谢我的同学，感谢他们给了我绚丽多彩的人生，感谢他们让我拥有一颗热忱、感恩的心！总有一种真情能触动我们内心最脆弱的一环，总有一种人格会驱使我们不断地寻求自我完善，总有一种感动能让我们泪流满面。当2004年感动中国十大人物之一的徐本禹走上银幕时，内心的善良被唤醒。被世俗的灰尘包裹得太久，好久没有这般痛快地哭过；被忙碌的工作所牵绊，好久没这样的心情释然。原以为人世间太多的冷漠，早已经缺少了感动的情怀，而这一夜我相信许多的中国人和我一样，得到了一次绝好的宣泄，得到了一次灵魂的净化。

在物质生活富裕的今天，我们许多同学不懂得珍惜幸福生活，更不知感恩为何物。只知道一味地索取，从没想到过要回报。其实，自然界的一切都知道感恩。大海给了鱼儿一个宽阔的天空，因为感恩，鱼儿回报给大海一片生机；天空给了鸟儿飞翔的领空，因为感恩，鸟儿回报给天空一处美丽；大地给了树木一片沃土，因为感恩，大树反赠给大地丝丝阴凉。大自然都懂得感恩，更何况我们人类呢？

世界需要一颗感恩的心，因为感恩，所以美丽。

海伦的故事

我们学过海伦的故事，她自小双目失明，连正常的行走也需要他人扶着，但是她没有因此而埋怨上天、埋怨父母没有给她一副健全的身体，她心怀着一颗感恩的心，感谢父母给了她生命，用笔写了一部又一部的文学作品回报社会和父母。正因为拥有一颗感恩的心，海伦变得更加坚强和勇敢，是感恩，让她体会到了人生的快乐。

感恩，不像你想象得那么遥不可及，它做起来也很简单。当他人向你投来美好的目光时，你要回赠一个亲切的眼神；当得到他人的帮助时，你要投去一个甜甜的微笑；当受到他人的鼓励时，你要说声"我会努力的！""落红不是无情物，化作春泥更护花"是落叶对根的感恩，"谁言寸草心，报得三春晖"是儿子对母亲的感恩。

感恩，充实着我们的生活；感恩，塑造着我们的心灵；感恩，使世界变得美丽；感恩，使我们拥有爱心。让我们怀带一颗感恩的心，去感谢生活中的点点滴滴吧！

我的顿悟

　　常常抱怨命运的不公；常常觉得生命里黯淡无光；常常认为成功离自己太远；也常常将自己推进痛苦的深渊。唉！将所有的怨气全部发出，让它随风而逝。但心中剪不断理还乱的愁丝仍紧紧缠绕着我，久不离去。

　　清晨，失落的我走进一片茂密的树林。薄雾笼罩，清风拂面，像走进了如诗如画的境界。草地上调皮的雾珠打湿了我的鞋子，看着它们在叶子上欢乐地跳着，一股莫名的冲动，想和它们一起嬉耍。树林里是那样的幽静，青青的小草，红红的花儿，高高的树木，一切是那样的祥和。心中顿时觉得舒畅很多。一缕柔和的阳光洒进树林，它是那般神圣，用它无私的光辉照耀大地，万物沐浴其中。在它的抚摸下，我感到有一双温暖的手臂，给我慰藉，给我依靠。霎时间，心好像在飞，飞向那蔚蓝纯洁的天空，远离喧嚣，远离苦恼，远离失败，去追求属于自己的蓝天。

　　在一条潺潺的小河旁，我停下了脚步。蹲下身来，仔细聆听那叮咚的水声，让自己的思绪和平日的苦闷随着那连绵的小河，流向蜿蜒的远方。突然，几声清脆的叫声打破了沉寂，仰头一看，哦，原来是几只可爱的小鸟呢！它们在枝头婉转地歌唱，将一片树叶打落，盘旋了两圈，随着流水一起去感受更广阔的生活。此情此景，我完全陶醉其中，心不由自主地跟着一起舞动起来。这时，心中一片开朗，没有烦恼，也没有忧伤，有的只是一片静谧。

　　突然觉得眼前豁然开朗，我顿悟——"人有悲欢离合，月有阴晴圆缺"，为什么一定要哀叹呢？没有生命，又岂能感受到世界上的一切成功与失败，体会一切悲伤与快乐，看到一切喜悦与忧伤呢？这一切的一切，都是生命赏赐的呀！既然生命让我们拥有了这一切，我们就应该无怨无悔。

面对蓝的天、碧的水、绿的叶，我从心里溢出一句话：真心的感谢你——生命。

6　感恩就是容纳自己的同时接受别人

有位哲人曾经这样说过：人，要拥有一颗感恩的心，学会接纳别人，也要学会认识自己。

春蚕死去了，但它留下了美丽的蛹；花儿凋谢了，但它留下了丰收的果实；小鸟飞走了，但它留下了美妙的歌声；我要飞向理想的彼岸，追求更高的梦想，但我留下了美好的回忆。

"滴水之恩当涌泉相报"，人的本色应该如此，崇尚见义勇为、助人为乐之义举；鄙薄见利忘义、忘恩负义之恶行。

朋友间的淡忘与铭记

有两位好朋友在一起出游时，一位不小心将另一位的手划破，连忙说对不起，受伤者笑着说没事儿，便在沙漠上用手指记下：今天我的好朋友将我的手划破。又一次，当他的脚不小心崴了时，他的朋友细心地呵护照顾他，直到他的脚慢慢地康复。他用刀子在石头上刻下：今天我的朋友帮了我。他的朋友疑惑不解地问他为什么时，他说："写在沙漠上是为了让风帮我淡忘昨天的不快，刻在石头上是为了让岁月帮我铭记你对我的帮助。"

朋友们，试问有谁能像他们那样用一颗感恩的心来对待别人呢？

无私的丛飞

这是一段真实的故事，著名歌手丛飞节衣缩食捐赠 300 万元，资助 178 名贫困学生。而当他自己病危住院经济困难时，在当地几个曾被他资助的工作者，竟没有一个人来看望他。这事被媒体披露后，有一位受助者说，这让他很没面子。而丛飞却说："不要埋怨他们，我已不需要医疗了。"这样伟大的人，这样坦率，为自己的决定无怨无悔的人，才是真正的智者。

感动中国的洪战辉

还有这样一个曾感动全中国人的例子。洪战辉，在他年幼时就已失去了笑容，取而代之的是全家生存的重担，他四处求学，虽然饱受沧桑，但他学会了"滴水之恩当涌泉相报"的道理。

他带着自己的妹妹去大学求学，有那么多有爱心的人为他伸出援助之手，他却没有接受，面对困境，他毫不退缩，想着世上还有很多像他一样甚至比他更贫困的人需要帮助，便自筹资金，建立了一个慈善基金会，帮助那些人。

他被评为"2006 年感动中国十大人物"之一，在颁奖典礼上，他真诚地说："我只不过是记着别人对我的帮助，用一颗感恩的心去帮助更多比我更困苦之人。"得到了阵阵掌声。

朋友们，人要拥有一颗感恩的心，学会接纳别人，更要学会认识自己。

　　天空会因一丝云彩而更深邃，大海也将因一朵浪花而更澎湃。一双援助之手将拯救无数生灵；一声细心呵护将感化无数心灵；朋友们，伸出你援助的双手，用一颗感恩的心去对待他人，记住别人对自己的帮助，学会帮助别人吧！

　　季羡林老先生说过："构建和谐社会最要紧的是人内心的和谐，心的和谐。只有和谐的心，才能够处理好同他人的和谐，同社会的和谐，以及同自然的和谐。"所以，让我们从身心和谐开始，拥有一颗感恩的心，就可以将真诚缔结成梯。如果你拥有诚信的资本，你就可以为世界增添一份和谐，因为诚信是社会的基石，守望身心和谐，点亮美丽人生。

　　人与人之间的友好亲善、互帮互助，人与人之间的光明磊落、以诚相待，无一不体现着人际关系之间的和谐画面，人际和谐已成为时代的最强音，合作也应当成为时代的主旋律。在真诚的微笑中，互帮互助、互相提高，让别人的长处弥补我们的短处，彼此都获益，都携手并进，何乐而不为？守望人际和谐，丰富美丽人生。

　　花开，有绿叶扶持；月圆，与群星辉映；日出，被红霞映衬。天地万物的关爱超然于一切事物之上。正义、爱心、人生方向，历史情愫，自控能力在和谐社会中飞扬，传导着社会的和谐音符，守望群己和谐，飞扬美丽人生。

　　映日的荷花，夕照中的芦苇，飞翔的鱼鹰，共赴生态和谐；和谐的生态环境为世界增彩，为地球添色。清晨的第一声鸟鸣送来的是一天的好心情，鼓励我们在精神的海洋中起航，守望生态和谐，增色美丽人生。

　　看和谐带给我们的令人窒息的美，感受和谐重新点燃希望的神话，

精神之帆重新起航。

守望和谐，守望天堂，这只属于我们的永恒。

橘黄的灯如花般在寒冷的冬日里绽放，尽管在我身边，飞舞漫天的雪，渐渐融入我的心，一瓣一瓣。只因感激，感激"逝者如斯"的生命，赐予我这一方净土，赐予我心里的晴空，清丽、柔和、宁静、温暖，我才能在风雪漫天里微笑着，体味冬天的春光。人，要常怀一颗感恩的心。鲜花感恩雨露，因为雨露滋润它成长；苍鹰感恩长空，因为长空让它飞翔；高山感恩大地，因为大地让它高耸；我感恩，很多很多人……

我感恩我的父母，是他们给予我生命，给了我一个温暖的家。坚实而温馨的避风港将永远成为我栖息的地方。爸爸，您是女儿心中那座安全而温暖的靠山，累了的时候只要在上面躺一躺就可以精神百倍；爸爸，您是女儿心中辽阔海洋的彼岸，在岸的那头等待女儿的归来；爸爸，您是女儿心中的太阳，那耀眼的光芒驱走了女儿心中的阴影……妈妈，是您怀胎十月，把我带到这个五彩缤纷的世界，是您，含辛茹苦把我拉扯大，多少次，帮我换尿布，多少个寒冷的夜里起来帮女儿拉好被子，多少个炎热的夏日里，是您把扇轻摇，为我赶走蚊子……妈妈，谢谢您，感谢您容忍、包容了女儿的一切。回想以前的任性，我羞愧万分，那一幕幕的往事涌现脑海，推开记忆的大门，我的思绪飘然回到了从前……所以，我励志要做一个感恩人！报效父母，报效祖国，报效所有关心过我的人——我的父母，老师乃至朋友！

我感恩我的老师，是他们阳光般的笑脸抚慰我心灵的创伤，用无悔的青春书写不朽的辉煌篇章。还记得那时纷飞的粉笔灰染白了老师的双鬓，朝朝暮暮的铃声送走了老师多少宝贵的青春年华。但你们却无怨无悔，风雨中仍固守那三尺讲台。一天天，一年年，我们在校园里茁壮成长，从懵懂孩童到青春飞扬，是你们的谆谆教导给我们力量与信念；是你们无私地奉献让我们生长在爱的旋涡里；是你们的亲切叮咛让我们忘记离开家的失落。老师，您的点滴关爱，我将铭记在心，永世难忘！

我感恩我的朋友，是他们让我感到集体生活的快乐，"朋友是世上最好的宝贝。"让学生时代成为相册中最真最纯的一页。

感恩，让我懂得"天下父母之心尤为贵"；感恩，让我懂得"承膝于祖辈的乐趣"；感恩，让我领略到阳光的妩媚；感恩，让我明白什么是披肝沥胆，风雨同舟。感恩鸟语花香，感恩春和景明，感恩蔚蓝的苍穹……感恩——生命如此不平凡，生命长河中确有宝石在熠熠生辉；感恩——生命如此丰富与多彩，万物生灵赐予的永不泯灭的生活热情。

张骞怀着对汉武帝的感恩毅然出使西域，两次沦落匈奴，忍辱负重，却始终不忘肩头使命，最终开辟了丝绸之路，名垂青史；勾践怀着对百姓的感恩奋发图强，卧薪尝胆，休养生息，最终报仇雪恨，为后人所颂扬；雷锋怀着对救苦救难的共产党的感恩而刻苦学习，克服困难，工作兢兢业业，生活艰苦朴素，乐于助人，他用自己年轻的生命使得"钉子精神"发扬光大……回顾历史，综观现实，有许许多多在逆境中感恩的例子就萦绕在我们周围，需要我们去细细体会。

记得聋哑盲人海伦·凯勒在她的自传中这样写道，"我感谢大自然给予我温暖的阳光，我感谢父母给予我敏感的触觉，我感谢我的老师给予我美妙的知识……"这样一位重度残疾的少女，就是怀着感恩的心面对原本不公的命运，她甚至感谢上天给予她的不幸，因为正是不幸使得她比常人更加坚强，更加不屈不挠。她克服了重重困难，奇迹般地成为了一名伟大的文学家。

存一颗感恩的心，去看待我们正在经历的生命、身边的生命，悉心呵护，使其免遭创伤。感恩生命，为了报答生命的给予，我们实在不应该轻视和浪费每人仅有的一次生命历程，而应该让生命达到新的高度，体现出生命的价值，让生命更有意义，显出生命本应拥有的精彩。

7 感恩伴身边，美丽故事在心间

懂得感恩的狗

老虎在森林中悠闲地走着，小路旁树上的叶子沙沙作响，伴随着风的脚步，传来了几声吼叫，老虎加紧了几步，原来是狼在吼叫。在它面前的是一只狗和一只狐狸，它俩都被枝藤缠住了，只能任凭狼处置，或许被当做午餐，或许在狼的魔爪下逃跑，尽管不太现实。

这两位落难者或许是上天相告，同时看到了在不远处的老虎，狼还在一步步逼近，这增加了狗的恐惧，却让狐狸产生了希望，它大声叫道：

"老虎大爷，这里，快，快救救我们！"

狗对狐狸的言行不屑一顾，瞥了它一眼，也不相信会有生还的希望，然后蹲在了地上。

老虎本想离开，但心情不错，救这两个该死的家伙也是举手之劳，但终究一个狼的痛苦比不上两个朋友的快乐，它慢慢走了过去。

"停，你给我滚。"

狼被这一声命令吓跑了。

狐狸被它这一叫吓坏了，它以为希望破灭了，而狗还是依然如故。

老虎走了过来，只轻轻把藤条一拍，它俩便获救了，说道：

"我今天心情好，算你们走运。"

狐狸转身跑入了树林中，老虎也转过了身子往回走。唯一不动的是狗，它的目光凝滞了，直到老虎的身影消失在绿色的长廊中才醒过神来，不是因为害怕后的温馨，而是绝望后的重生引起的感动和对自己原先想法的忏悔。

也许世间的一切事物都是老天在掌纵，几天后，它们三个又重逢了。

老虎被猎人的夹子死死地夹住了一条后腿，稍一用力便痛得要命，这时狐狸和狗也恰好刚刚路过。狐狸见此状嬉皮笑脸地朝这边走来，它的一举一动让老虎看在眼中恨在心上。

可是，天会帮人，亦会害人——茂密的藤枝，又把狐狸缠住了。狗看见老虎被困，突然间想起上次自己被救，迅猛地向这边跑来。不幸的是被正在挣扎的狐狸用藤枝绊倒也困在里面了。它们痛苦地哀鸣，叫得人心寒。

然而，不巧的是，猎人来了，举着猎枪，看到这三个到嘴的鸭子不禁十分高兴，不忍放跑一个，快速冲向它们，这时狐狸吓坏了，慌忙之中，挣开了藤条，跑了开去，猎人见狗和老虎都被困得很结实，便举起猎枪追向狐狸。

令人意想不到的是，狐狸一走把狗身上的藤条也拽下几根，狗很轻松便跑了出来。狗跑向老虎，吃力地用嘴叼老虎夹，老虎说：

"没用的，你逃命去吧！"

狗却只说了一句："不！"

"啪"一声，狐狸被猎人打死了，这惊天动地的声响，也惊动了狗和老虎的心弦，使他们再一次恐惧。

老虎又说："你快逃命去吧！要不都得死了。"

狗又说了一句："不!"

狗一次又一次地尝试，终于开动了夹子，但它已经筋疲力尽。老虎还没来得及把腿伸出去，夹子便又合上了也夹住了狗的两条腿。

两声惨叫，悲天哀地，猎人倒提着嘴里淌着黑血的狐狸飞奔过来。见了此景，不禁感慨万分，但本能的意念又让他举起了枪杆，这时老虎问狗："你后悔了吗?"

狗还是一个字："不!"

随后，两声枪响，分出了善与恶。

人的一生中，小而言之，从小时候起，就领受了父母的养育之恩；等到上学，有老师的教育之恩；工作以后，又有领导、同事的关怀、帮助之恩；年纪大了之后，又免不了要接受晚辈的赡养、照顾之恩。大而言之，作为单个的社会成员，我们生活在一个多层次的社会大环境之中，都首先从这个大环境里获得了一定的生存条件和发展机会，也就是说，社会这个大环境是有恩于我们每个人的。感恩，说明一个人对自己与他人和社会的关系有着正确的认识；报恩，则是在这种正确认识之下产生的一种责任感。没有社会成员的感恩和报恩，很难想象一个社会能够正常发展下去。在感恩的环境中，人们对许多事情都可以平心静气；在感恩的环境中，人们可以认真、务实地从最细小的一件事做起；在感恩的环境中，人们自发地真正做到严于律己、宽以待人；在感恩的环境中，人们正视错误，互相帮助；在感恩的环境中，人们将不会感到自己的孤独⋯⋯

人生道路，曲折坎坷，不知有多少艰难险阻，甚至遭遇挫折和失败。在危难时刻，有人向你伸出温暖的双手，解除生活的困顿；有人为你指点迷津，让你明确前进的方向；甚至有人用肩膀、身躯把你擎起来，让你攀上人生的高峰……你最终战胜了苦难，扬帆远航，驶向光明幸福的彼岸。那么，你能不心存感激吗？你能不思回报吗？感恩的关键在于回报意识。回报，就是对哺育、培养、教导、指引、帮助、支持乃至救护自己的人心存感激，并通过自己十倍、百倍的付出，用实际行动予以报答。

其实"感恩"这个词语，还是个舶来词，"感恩"二字，牛津字典给的定义是"乐于把得到好处的感激呈现出来且回馈他人"。"感恩"是因为我们生活在这个世界上，一切的一切，包括一草一木都对我们有恩情！

"感恩"是一种认同。这种认同应该是从我们的心灵里的一种认同。我们生活在大自然里，大自然给予我们的恩赐太多。没有大自然谁也活不下去，这是最简单的道理。对太阳的"感恩"，那是对温暖的领悟；对蓝天的"感恩"，那是我们对蓝得一无所有的纯净的一种认可；对草原的"感恩"，那是我们对"野火烧不尽，春风吹又生"的叹服；对大海的"感恩"，那是我们对兼收并蓄的一种倾听。

"感恩"是一种回报。我们从母亲的子宫里走出，而后母亲用乳汁将我们哺育。更伟大的是母亲从不希望她得到什么。就像太阳每天都会把她的温暖给予我们，从不要求回报，但是我们必须明白"感恩"。

"感恩"之心，就是我们每个人生活中不可或缺的阳光雨露，一刻也不能少。无论你是何等的尊贵，或是怎样看待卑微；无论你生活在何地何处，或是你有着怎样特别的生活经历，只要你胸中常常怀着一颗感恩的心，随之而来的，就必然会不断涌动着诸如温暖、自信、坚定、善良等这些美好的处世品格。自然而然地，你的生活中便有了一处处动人的风景。

"感恩"是一种对恩惠心存感激的表示，是每一位不忘他人恩情的人萦绕心间的情感。学会感恩，是为了擦亮蒙尘的心灵而不致麻木；学会感恩，是为了将无以为报的点滴付出铭记于心。譬如感恩于为我们的成长付出毕生心血的父母双亲。

"感恩"是一种处世哲学，是生活中的大智慧。感恩可以消解内心所有积怨，感恩可以涤荡世间一切尘埃。人生在世，不可能一帆风顺，种种失败、无奈都需要我们勇敢地面对、豁达地处理。

"感恩"是一种生活态度，是一种品德，是一片肺腑之言。如果人与人之间缺乏感恩之心，必然会导致人际关系的冷淡，所以，每个人都应该学会"感恩"，这对于现在的孩子来说尤其重要。因为，现在的孩子都是家庭的中心，他们只知有自己，不知爱别人。所以，要让他们学会"感恩"，其实就是让他们学会懂得尊重他人。对他人的帮助时时怀有感激之心，感恩教育让孩子知道每个人都在享受着别人通过付出给自己带来的快乐的生活。当孩子们感谢他人的善行时，第一反应常常是今后自己也应该这样做，这就给孩子一种行为上的暗示，让他们从小知道爱别人、帮助别人。

"感恩"是一个人与生俱来的本性，是一个人不可磨灭的良知，也是现代社会成功人士健康性格的表现，一个连感恩都不知晓的人必定是拥有一颗冷酷绝情的心。在人生的道路上，随时都会产生令人动容的感恩之事。且不说家庭中的，就是日常生活中、工作中、学习中所遇之人给予的点点滴滴的关心与帮助，都值得我们用心去记恩，铭记那无私的人性之美和不图回报的惠助之恩。感恩不仅仅是为了报恩，因为有些恩泽是我们无法回报的，有些恩情更不是等量回报就能一笔还清的，唯有用纯真的心灵去感动、去铭刻、去永记，才能真正对得起给你恩惠的人。

"感恩"是尊重的基础。在道德价值的坐标体系中，坐标的原点是"我"，我与他人，我与社会，我与自然，一切的关系都是由主体"我"而发射。尊重是以自尊为起点的，尊重他人、社会、自然、知识，在自己与他人、社会相互尊重以及对自然和谐共处中追求生命的意义，展现、发展自己独立人格。感恩是一切良好非智力因素的精神底色，感恩是学会做人的支点；感恩让世界这样多彩，感恩让我们如此美丽！

"感恩"之心是一种美好的感情，没有一颗感恩的心，孩子永远不能真正懂得孝敬父母、理解帮助他的人，更不会主动地帮助别人。让孩子知道感谢爱自己、帮助自己的人，是德育教育中重要的一个内容。

在这方面，美国人可以堪为楷模。从1863年亚伯拉罕起，林肯总统宣布了感恩节为国家节日。其间的两百多年，每年一次的感恩活动，从小地方传播开去。这是一个充满感谢和爱的节日。美国人欢聚一堂，进行一次特殊的祈祷，感谢、颂扬上苍在过去一年里的仁慈和恩惠。非但如此，它更成为一种社会活动，超市门口放个大筐，让人们留下一份食品给那些食不果腹的穷人，政府机关、学校和教堂准备大量的食物，敞开大门，分发给一些无家可归的人。更可贵的，平时里无忧无虑的孩子在这一天却极其认真地挨家挨户敲开邻居的家门，募集食品。也就从小培养了帮助穷人的意识，给了他们自己和所有美国人行善的机会。

这就让我意识到了一些东西。如果细细想想，我们可感谢的东西真的很多：感谢父母对我们的爱；感谢我们有饭吃、有衣穿、有房子住、有床睡、有灯光照明；感谢健康；感谢老师的教育和所有帮助支持过我们的亲人朋友，还有昔日里素不相识的贵人；感谢在寂寞时有音乐陪伴，有对方可以倾诉……感谢上帝！于是，我们可以浅显简单地说，如果你感到受冷落、遭抛弃、被朋友背叛了，或许应尝试先向别人伸出热情的手，学着去感谢一些东西。（当然，这也可能是你精神振作所需之良药）

感恩心态是一种健康的心态，会使人的身心更好地适应社会、适应自然。感恩的举动所能带来的连锁反应，可能会感染改变我们周围的每一个人，包括我们自己。震撼心灵或者悦耳动听的感谢之声永远不会引起误会，它是没有国界而可以跨越地球上一切障碍，使世界变得更加和谐更加快乐的最简单易行的方式。所以我们要学着去感恩——为了人生可以沉淀一份理性。

那个篮坛飞人乔丹在群星涌动的 NBA 赛场退役了，我们大概再也看不到他翱翔的身影。这或许是一个永久的心伤。更或许，我们应该感恩：感谢乔丹带来出神入化的球技和五个 NBA 总冠军的辉煌，感谢他的永不言败、永不放弃的坚强斗志。

学会感恩可以算是人生需要补习的一课。记起一次去看望中学老师，向她表达深藏心中的思念时，感觉到她眼里好似闪着激动的泪光。我后来有想，即使没及时向帮助我们的人表达感激之情也没有关系，关键是不要忘了在有机会时，第一时间望着对方的眼睛说："谢谢你！"。

人生道路上，无论热衷单枪匹马，"孤胆英雄"，还是天马行空、独往独来，总脱不了所处的环境。每次成功都来自人、自然的种种力量合力，也都是在爱情、亲情、友情的烘托下达到的。历来讲究养育之恩、知遇之恩、提携之恩、救命之恩的中国人，是否更应提倡"知恩图报""滴水之恩，涌泉相报"的作风呢？虽然我们没有感恩节，但我们是否也该学着去感激一些东西，为了自己，也为了自己生活着的这片土地呢？

古人云："施人慎勿念，受施慎勿忘。"学会感恩，让生命可以轻装一点，未来才会充满阳光。所以我会用我所能做到的一切去感谢这个世界，用所能及的全部力量来报答一切。

如果感恩，我们就要懂得回报。父爱与母爱是最平凡，又是最伟大的恩情。试想，是谁隔三岔五地打电话到学校嘘寒问暖？谁会大包小包往孩子背包里塞好吃的，生怕孩子饿着？又是谁在周末准备丰盛的大餐迎接着孩子回家？父母的奉献是默默的，但我们做孩子的不可能感受不到。有时候，我想，真要好好回报他们的恩情啊，我们现在努力学习，不给父母添麻烦；将来做个对社会有用的人，就是对父母最好的回报了。等到他们哪天年老了，我们做儿女的还能陪伴在身边，陪他们聊天，帮他们捶背，让他们安度晚年，一家人其乐融融。

古人说得好：滴水之恩当涌泉相报。现在我们接受了亲人、社会的养育之恩，朋友的同甘共苦、互帮互助之恩，是不是应该把恩情从"滴水"扩大到"涌泉"，再回馈给他们呢？如果人人都这样做，人人都做一个感恩的人，那么，这世界上将再也没有什么坑蒙拐骗的丑恶行为，取而代之的是人与人之间的爱，那样社会也将更加和谐美好。

8 爱父母，感恩他们给予的每一个温暖瞬间

虽然说孩子是父母生命的延续，但其实父母在赋予孩子生命的同时，自己也融进了孩子的生命中，孩子的每一次进步与成长，都是父母的心血和汗水凝聚而成的。他们一生都在奔忙，为了能让孩子吃好的、穿好的，上更好的学校，有更远大的前途。他们在为子女付出的同时几乎淡忘了自己的理想，忽略了自己曾经规划好的生活方式。孩子从降生的那一刻起，就成了他们生活的全部意义，这是一种没有边际的付出，无私、浓烈，直至生命的完结。

在成人的世界里，这句话是最容易被理解和引起共鸣的。那轻轻的叹息声里有压力和疲惫，但他们大多数情况下是微笑着说的，那微笑里有心甘情愿的幸福。也经常听到父母对自己的孩子说："这还不都是为你好。"

在孩子的世界里，这句话却难以理解，还时常招来反抗。从小到大，我们每个人都不止一次地听到过这句话，又有谁因为这句话而深刻地自省过呢？两代人之间缺乏理解和沟通，不仅给孩子的成长平添烦恼，而且还加深了父母的操劳，甚至，这些心血往往得不到回报。

所以，全社会都在提倡感恩。要唤醒孩子感恩的心，首先要让孩子认识到，在幸福生活的背后，是父母无微不至的关爱，而这爱的背后，是父母的汗水、心血、劳累以及生活中所要承受的一切。父母之爱是坚固而且透明的，挡住了风霜雨雪却可以让阳光透进来。在这个美好、快乐的空间里成长起来的孩子，应该深深地明白：我们是踩着父母的辛劳长大的，要知恩图报，心存感激。在我们的人生路上，父母可能是陪我们时间最长的人。

在这条长路上，你是否用一颗感恩的心，铭记了无数个温暖的瞬间呢？你上学第一天，她有说不完的叮嘱；你生病，他一路小跑背你去医院，那天可能刮着风或下着雨；你第一次得奖，她笑了一整天；你高考，他顶着烈日、拿着冷饮，翘首以盼；你第一次离家，她送了又送，拉着你的手不肯松开；你刚工作，他拿出退休金塞给你，说："别太为难自己"——这一切都应该刻骨铭心。

爱的闹钟

村里的小学有个惯例：五六年级的学生冬天要上夜校，夏天上早校。汪洋到了五年级也开始上早校，并和邻居李小培说好每天早晨一起走。

第一天汪洋打开门，李小培已经等在那里了。

"你等很久了？"汪洋不好意思地问。

"没多久。"她虽然这么说，汪洋却从她脸上看到"终于出来了"的表情。

"怎么不早叫我？""我家没表，不知道时间，怕太早叫你不好。我妈看天差不多亮了就叫我起来，她说她比公鸡醒得还早呢。"

"以后我叫你，提前 10 分钟让你洗脸、收拾书包。"说这话时汪洋想到了自己的妈妈。家里虽然有表但不是闹钟，妈妈不知看几次表才叫醒她，为了让她尽可能多睡会儿又不至于迟到，妈妈一定也比公鸡醒得早。

那年汪洋用压岁钱买了个闹钟给妈妈，但她很少听到闹钟响，妈妈说总是忘了换电池。但从上小学到高中毕业，她没有一次迟到过，也没有一次饿着肚子去上学。到了大学，她们宿舍第一个全数通过的决议就是：买闹钟。

习惯了每天早晨被母亲呼唤的孩子，没有闹钟恐怕是不行的。可第二天她们后悔了，闹钟的声音实在太难听。于是在那段习惯闹钟的日子里，她们天天怀念母亲的声音。有一次她问妈妈："你忘不了别的，怎么总忘了给闹钟换电池呢？"妈妈笑了："傻丫头，妈是想让你们多睡会儿。它一响，全家都醒了。"她的心像被什么击中了："天天起那么早，从来没晚过，怎么做到的？我们用闹钟都叫不醒。""妈妈也有闹钟，在这里。"妈妈说着指指自己的心口。她在一瞬间恍然：妈妈的闹钟就是爱。

世界上最动听的声音是母亲的呼唤，在每一个清晨和炊烟袅袅的黄昏，在心灵的最深处。在我们的生命里，母亲做过我们的闹钟、我们的灯，还有伞……那么，在母亲的生命里，除了孩子，我们还做过她的什么呢？

父亲的长路

开学那天，学校里来了一位苍老的父亲。他粗糙的手抓着一个很重的蛇皮袋，手上的骨节突出，看上去袋子很重，另一只手拉着他那有些羞涩的女儿。入学以后女儿的节俭让她的舍友们深深触动，大家都想为她做些什么。

于是她们开始卖一些小东西，信封、邮票、电话卡之类，再用赚来的钱买些她最需要的东西送给她。转眼两年过去了，其间，她只回过一次家。假期是她最忙的时候，既要去麦当劳当服务员，又要给饭店做钟点工。大三那年那位苍老的父亲又出现在学校里，他脸上的皱纹更深了。这次他是来送儿子上学的。父亲当天就走了，像上次来送女儿一样。

女儿给父亲写了一封很长的信，说她会用心读书、会努力、会照顾弟弟。这时弟弟来了："过几天再寄吧，爸看不到。"

"为什么？"她问。"上次来送你 20 多天才回去，爸说这次路熟，半个月就能到家。他是走路回去的。"

宿舍里一点声音都没有，每个人都在震惊中流下眼泪。片刻后，她放声大哭。父亲的爱就像他脚下那条路，虽然不温柔，却坚固而漫长。记住父亲脚下这条路吧，让它成为我们生命的坐标。还有什么比父母心中蕴藏着的情感更为神圣的呢？

"父母的心，是最仁慈的法官，是最贴心的朋友，是爱的太阳，它的光焰照耀温暖着凝集在我们心灵深处的意向！"马克思是这样描述父母之爱的。

爱父母吧，爱他们给予你我的每一个美丽温暖的瞬间。

9 感恩只在点滴中

一代名臣狄仁杰曾写过这样一首诗："男儿有至性，思亲望白云，旦夕何敢忘，父母养育恩。"当时他因公事宦游在外，见一朵白云从家乡的方向飘然而至，不禁想念起家中的父母。古人的"孝亲"情结是非常浓厚的，这和现代人感恩之心的失落形成了鲜明的对比。

我们经常会在新闻上看到这样一些报道，说现在的大学生在校挥霍无度，沉迷于网络和游戏，毫不顾念家中父母。甚至还有因为父母没给他足够的生活费就把父母告上法庭的"怪事"。中小学生中也存在这样的现象，饭只能做自己爱吃的，电视节目只能看自己喜欢看的，出去玩也只能去自己想去的地方。一切的出发点都是"自己"，浑然没有注意到父母在劳累了一天之后，脸上那疲惫的神情，没有一句嘘寒问暖的关切，也没有递一杯热茶的体贴。

不知道从什么时候起，我们不再觉得别人为我们做的事情是值得感激的，甚至连父母的爱也置若罔闻，连爱父母的心也变得迟钝。感恩已被芸芸众生遗忘，丢进某个角落，在那里堆积、尘封了起来。对父母感恩，这被古人称为人之"至性"的情感，在现代人心里的分量却越来越轻了。我们只在乎自己，渐渐忘了：我们永远不可能孤身取得幸福。

如果周围的人不给予我们爱与支持，我们不可能永远成功；如果整个社会只有冷漠，我们再成功也不会幸福。拾回那颗感恩的心吧，于生活中细细品味、深深感激。懂得感恩，于是知道一粟一果的来之不易，于是懂得珍惜拥有；懂得感恩，于是体会父母养育之辛劳，于是不再冷漠和只知索取；懂得感恩，于是领悟我们的生命只是自然千百次糅合的偶然一次闪耀，于是敬畏天地，检视自己行为的得失。这样，人才成为智慧、优雅的万物之灵。为了我们的存在，我们应该懂得感恩。而感恩，则应从感激我们的父母开始。

梁上的两只燕子

在农村长大的孩子都有关于燕子的记忆。当天气慢慢暖和起来的时候，燕子及时地飞了回来。它们敏捷的身影在农人的院子和田野之间穿来织去，春天就在它们的叫声里站稳了脚跟。下面要讲的就是一个关于燕子的故事，也是一个关于我们的故事。

豆子的家就在村边，他做柳哨的那天，两只燕子飞进屋，交头接耳地也不知道说了些什么。后来它们不断地飞进飞出，几天以后，豆子看见一个小巧的窝已经"粘"在一根房梁上了。他每次进出都不忘抬头看看那个燕窝，他发现好像只有一只燕子出去，另一只躲在窝里偷懒。于是豆子使劲儿吹着柳哨，惊得窝里那只燕子四处张望。奶奶说："别闹了，它在孵蛋。"

于是豆子不在屋里吹口哨了。又过了些日子，豆子看到两只燕子叼着破碎的蛋壳飞出去，他兴奋地告诉家里人"小燕子出生了"。大燕子开始一刻不停地忙碌，它们总是叼着小虫子飞回来，落到外面的电线上，又飞进屋里，转一圈儿，用翅膀拍打着窝沿儿，把头探进去，喂完食又匆匆飞走。渐渐地，小燕子在窝里"不安分"了，它们探着头，张开黄色的尖嘴不住地叫。豆子数了数，一共四只。大燕子总能准确无误地把虫子塞进小燕子张开的小嘴里。豆子仰着头问奶奶："它们不停地飞，不累吗？"奶奶抬头看了看，说："能不累吗？把孩子养大可不是件容易的事。""那它们可以歇会儿再去呀！"豆子仍然仰着头。

"你没听见那些小家伙在叫吗？哪个当父母的忍心让自己的孩子挨饿呀！"后来豆子看到小燕子出窝了，站在屋里的电线上；再后来它们能在院子里飞了。突然有一天，豆子发现小燕子们不见了。"它们去哪儿了？"豆子问奶奶。"飞走了。""还回来吗？""都长大了，还回来干什么？"奶奶说完叹了口气。屋里清静多了，两只大燕子也不像以前那么忙碌了。豆子经常看到它们落在院子里的电线上，也不交头接耳，就那么站着，好像在发呆。

白居易有首诗叫《燕诗示刘叟》：梁上有双燕，翩翩雄与雌。衔泥两椽间，一巢生四儿。四儿日夜长，索食声孜孜。青虫不易捕，黄口无饱期。嘴爪虽欲敝，心力不知疲。须臾十来往，犹恐巢中饥。辛勤三十日，母瘦雏渐肥。喃喃教言语，一一刷毛衣。一旦羽翼成，引上庭树枝。举翅不回顾，随风四散飞。雌雄空中鸣，声尽呼不归。却入空巢里，啁啾终夜悲。

上面的故事就是这首诗的现代版。大燕子就是我们的父母，小燕子就是我们自己。学会感恩于父母吧，不要让自己的父母成为那两只"发呆的燕子"。父母给予我们的爱就像"水滴石穿"那样执着和专注。我们也应该把握好心的方向，不管风吹浪打，永远不偏离爱的航线，于生活中细细品味、深深感激。父母之爱与生俱来，伴随着每个人的成长。为人子女者，不能在习惯了接受以后不思回报。"投之以桃，报之以李"是与人交往的原则，更何况是对亲生父母。养育之恩重于山、深似海。有了父母的庇佑我们才能健康快乐地成长。为人子女，应该铭记父母的辛劳，遵从父母的教诲，体恤父母的苦心，学会感恩和回报。

丝丝白发儿女债，历历深纹岁月痕。世界上最伟大的数学家都无法计算出父母在我们的成长路上付出了多少辛劳，但为人子女的我们应该清楚、体察、铭记，并心怀感激。

10 真情无价，感恩始自少年时

　　古人说过，感恩之心必须从小培养。下面是一些真实的、发生在我们身边的事例：母亲因为生病没有做饭，孩子回来却不甚关心，拿了家里的钱去外面吃。儿子放学回家看到一桌子的菜，便不闻不问一扫而光。家长回来问他怎么不等父母一起吃，儿子说："我饿了，管不了那么多。"因为父母的几句批评，一女生连续几天把自己反锁在屋里，并以绝食抗议。几乎所有的父母在忙碌了一天之后，都心甘情愿地为孩子洗衣服，哪怕是小到一双袜子。

　　为人父母者都太过仁慈，他们总是以无边的宽容来对待孩子任性的行为和错误，他们总是在想：孩子还小，长大了自然会懂事。殊不知，这种宽容在孩子那里往往被误解为纵容，久而久之孩子会习惯这种宽容却不思悔改。于是，孩子的思想行为非但没改观，反而愈演愈烈。所以，父母不能因为孩子小就忽视对孩子思想品德的教育。同样，作为子女，也不能因为自己小就我行我素，完全不顾及别人的感受，没有感恩之心。

　　年龄小并不是无知的理由。孔融让梨时才六七岁，缇萦救父时还是个小女孩，木兰代父从军也不过十七八岁。被评为四川省"最佳孝星"

的史小娟同学，十三岁就挑起了侍父养家的重担，还有背着父亲去上学的儿子……这些都是少年人的榜样。现在的孩子们，接受着最好的教育，备受社会的关注，父母更是对其疼爱有加，但大多数人却坦然受之，不知感恩与回报。

这是不正常的社会现象。年少并不等于无知，这一认知必须同时深入到家长和孩子心里，让施教者和受教者在思想上达成共识。

孩子的真诚

一个幼儿园在对孩子进行感恩教育时，让孩子每人画一幅画，用手中的笔来表示对爸爸妈妈的爱，并在画的旁边写上一句自己最想说的话。老师把每一张画都寄给了孩子的父母。孩子的画很简单，也很粗糙，充满了稚嫩的童真。家长看到画里的自己正在给孩子讲故事、修玩具，和孩子一起放风筝、做模型，旁边还写着"妈妈真伟大""我爱你，爸爸""谢谢你们"这样的话，虽然很简单又歪歪扭扭，但在父母心中，这几个字比世界上最优秀的书法作品还珍贵。

最让他们感动的是，孩子学会了从平常的小事中感受父母的爱，真是难能可贵。感恩之心就像一粒种子，可以通过适当的方式植入孩子心灵的土壤里。从小让孩子懂得爱、感受爱、回报爱，这对孩子而言是一种幸福。对父母怀有感恩之心，在成长过程中也会对身边的一切充满感恩，只有不吝惜爱地付出，才会在爱的回报中体验到灵魂的富足；在遇到困难时，也不会一味地抱怨，而是学会去思考困难背后的另一种意义。

所以，父母不要因为孩子小就无止境地宽容、迁就，这虽然是爱，但不明智；孩子也不要仗着父母的爱恃宠而骄，这样虽然会得到一时的满足，却会成为一生的障碍。希望每一个孩子在风华正茂的年纪，都能怀有一颗感恩的心，能拥有关于爱的幸福体验。

迷途知返

　　曾经有一个女孩像今天的许多年轻人一样厌倦了枯燥的家庭生活和父母的种种约束，在和父母的一次小冲突之后，她离开了家。她决心出人头地，但每次满怀希望去应聘，却都被挡在那扇冰冷的门外面。没有亲人的安慰与支持，很快地，她坚持不下去了。她开始变得颓废、堕落、玩世不恭，过着醉生梦死的生活。父母通过一切可能的方式寻找她的下落，电视、广播、报纸……但一无所获。

　　很多年过去了，她偶然间发现墙上的一则小广告。其他小广告都被清洁工清除了，周围还留着一些残迹，只有这则小广告保留着，还被人小心地用胶布粘住翘起的一角。那上面有她的名字，还写着一句话：孩子，我们永远爱你，快回家吧。于是她泣不成声，不顾一切地向家奔去。赶回家时已经是凌晨两点了，门口亮着一盏微弱的灯。她犹豫着，最后终于义无反顾地走进去。大门是开着的，里屋的门也开着。一种不好的预感袭上她的心头：难道有贼？她以最快的速度冲进父母的房间，他们都在睡觉，安然无事。

　　面对父母，她所有的委屈和愧疚都在心里翻搅着，不禁放声痛哭。父母被吵醒了，三个人抱作一团，泪水淹没了所有的语言。后来她才知道，自从她离家以后，家里的门就再也没有关上过。父母的爱就是那扇开着的门，走进去会得到庇佑，走出来会无助和孤独。这扇门永远开着，等待受伤的心随时回来。年少时难免犯错，重要的是不要让你的错误持续太久，不然，你会失去很多东西。记住这句话：过而能改，善莫大焉。柏杨认为儿女爱父母是天生的，正如父母爱儿女。父母是孩子唯一的安慰、盼望、鼓励、保护所和避风港，所以依偎在父母怀抱里的孩子，是天下最幸福的孩子。希望我们都能在风华正茂的年纪里，学会感恩，拥有关于爱的幸福体验。

据说爱是由上向下倾倒出来的，父母对子女的爱远远大于子女对父母的爱。在这个世界上，没有什么能与父母的爱相比，他们全心地为了我们，慷慨地给予我们，温柔地教育我们，并且深深地爱着我们。

11 情感永不老，感恩是一辈子的事

在小学课本里，我们都读过朱自清先生的《背影》，先生笔下父亲的背影，曾让多少人潸然泪下。对于朱自清先生来说，这是一个遗憾的回忆。而对于读者，却是一个深刻的触动。

如果把握不住现时的亲情，以后纵有再多的深情，也难以弥补这份缺憾。我们是爱父母的，想着以后给父母买大房子，我们有远大的理想，将来有可能会是成功人士，有能力满足父母的所有需求。这是认识上的误区。殊不知：往而不可追者，年也；去而不可得见者，亲也。不要总以为父母会永远陪在自己身边，每个人都会变老，等有能力想要好好孝敬和照顾自己父母的时候，也许他们已离我们远去。

往往在这个时候，做子女的都会后悔：我以前都在干什么？那些事比父母还重要吗？为什么不多抽点时间来孝敬他们呢？但悔之晚矣。很多父母含辛茹苦把孩子养大，付出了毕生的心血和精力，还没有享受到子女的孝心，就在孤寂和惆怅中走了。

著名作家张洁在《世界上最疼我的那个人去了》中有这样一段文字：一九九一年七月底，妈突然以迅雷不及掩耳的速度衰老了，身体也分崩离析地说垮就垮了。好像昨天还好好的，今天就不行了，连个渐进

的过程也没有。很多子女都有这样的感触，父母就这样突然间老了，于是在心里恍然：原来一直为我扛着头顶那片天的巨人，每次遇到困难都对我说"没事，一切都会好的。"父母也会变老。

抓紧人生的有限时间，感谢父母、体谅父母吧。赠人玫瑰之后，历久犹有余香，而反哺于父母的一滴深情的眼泪，对父母来说，都可能是一个让他们满足的世界。长大是个极具诱惑力的词，长大后的世界是纷繁的，长大后的孩子也开始忙工作、忙爱情、忙自己的孩子，以及无穷无尽的琐事。在成人拥挤的心灵里，父母所占的空间不断被挤压，越来越小。

"长大以后为了理想而努力，渐渐地忽略了父亲母亲和故乡的消息"（来自歌曲《水手》），这句曾经一度非常流行的歌词，正好说明了现代人的生活状态。"长大后报恩"只是一个理想，而理想永远不等于现实。爱父母是一生一世的情感，回报他们也应该贯穿整个生命。父母对子女的情感期待都不奢求于物质，他们更注重心灵的慰藉，而这慰藉来自孩子成长中的所有细节。

心理学家说，孩子五岁就具备感恩的能力了。当孩子因感受到爱而拥抱、亲吻妈妈时，因信任而紧紧拉着爸爸的手时，父母会觉得无比幸福。这是最初的感恩。长大以前，感恩的方式很多：和父母聊天，做一些力所能及的事情，不乱花家里的钱，尽量不让父母担心，学着理解、照顾他们……这些并不困难，只要有心就能做得很好。父母给予我们爱时没有任何的犹豫和等待，所以，我们的爱也应该在第一时间到达。让我们的感恩和回报永远成为现在进行时，不要给生命留下遗憾。下面是一首余光中先生的诗，愿与所有为人子女者共勉。《母难日》：今生今世/我最忘情的哭声有两次/一次在我生命的开始/一次在你生命的告终/

第一次我不会记得是听你说的/第二次你不会晓得我说也没用/但两次哭声的中间啊/有无穷无尽的笑声/一遍一遍又一遍/回荡了整整三十年/你都晓得我都记得。

老人的眼泪

有一个故事是这样的。他是一个记者，工作很忙，而且天南海北到处跑。这次是在北上的火车上，他累极了，好不容易找到个座位。窗外的景物单调枯燥，他很快有了困意。这时，电话响了。他非常不情愿地接通："喂？"只一个字就带出一肚子不耐烦。电话里传出父亲有些苍老的声音："上次说出国采访是真的吗？什么时候？"

"是，下周。"他应着，惜字如金。

"那还有时间回家吗？"

"没时间了，下次吧。没事了吧？"

"听说那边挺乱，千万小心呀。和同事一起，可别一个人出去。还有……"

"我都这么大了，您就别操心了，又不是头一次出门。我还有事，不说了。"听父亲没有停下来的意思，他插了一句就挂断了。

对面的一位老先生，用有些严厉的眼神看着他缓缓地说："年轻人，不要那样对父亲说话。我年轻时也烦父亲唠叨。上大学那年他送我到车站，叮嘱个没完，车都开了还扒着窗户说，我听不进去了，就说'我都这么大了，您就少说两句吧。'我怎么也没想到，这是我跟父亲说的最后一句话。我放假回家时他已经去世了。怕影响我学习，他竟然不让家里告诉我他生病的事。"老人说完把目光投向窗外苍茫的平原，泪水在他布满皱纹的脸上曲折地流下来。

　　老人的眼泪让人不禁想起胡时中的一首诗——《清明行》：忆昔父母康健时，清明携我上丘垅。如今清明我独来，却携小儿拜先冢。搔首东风泪满衣，江山虽是昔人非。儿曹问我悲何事，此意他年汝自知。珍惜和父母在一起的时光也是感恩。用心去聆听父母的每一句叮嘱，在任何一个时刻。希望世间不再有这样的悔恨。

12　感恩就是用快乐书写幸福

　　说到感恩，其实快乐本身就是一种感恩。你快乐的时候，所有关心爱护你的人也快乐。我们都知道，感恩是一种内在感觉，而笑是一种外在显现。但笑不仅是感恩的体现，更是一种激发幸福感的有效工具。常笑的人，不仅能使自己快乐，而且能够感染他人。无论走到哪里，都与快乐为伴。同时，爱笑的人比不爱笑的人更易化解压力、取得成就，这就是一种莫大的感恩。

　　在当今社会，人们步履匆匆、不苟言笑。我们总结这是压力过大的表现。然而，不管你的人生有多大的压力，有多么不顺心之事，不可总是消极地说自己好累、好烦……当你这样说时，就相当于亲手将幸福推到了门外。同时，也请你不要对柴米油盐的平凡生活厌倦而说"活着真没劲"，因为只要细细品味，平淡就是最大的幸福。这里，有一个如何对待生活的问题，也有一个如何调整自己心态的问题。

　　俄国作家高尔基曾在书中说，"当生活是一种快乐，生命就是幸福；当生活成了责任，生命就是奴隶。"

　　活得好，其实有千千万万种理由。钱是最伟大的动力之一，仿佛有了钱什么都好说，没有钱什么都不是。"有钱能使鬼推磨。"这句话成了人们最大的迷信。钱是好，但也极为不好，它往往会令人失去快乐，为了它几乎丧尽了一切，最后身心俱疲。而到这时，幸福也就一同溜走了。

工作是义务，但快乐是责任，你同意吗？

法国雕塑家罗丹说过，"对于我们的眼睛，不是缺少美，而是缺少发现。"生活里充满许许多多的美好，许许多多的快乐，关键在于我们能不能发现。怎样发现它，关键在自己。

"富有"的意义

在十年前，许博第一次失业，当时只能天天吃方便面，连租房子的钱都快交不起了，成天愁眉苦脸，坐在公园里发呆。有一天，一位满头白发的老北京人问许博："年轻人，怎么啦，愁眉不展的，你有什么不快乐？"

许博说："我不明白我为什么老是没钱？"

"没钱？我看你非常富有嘛！"老爷子用京腔调侃着。

许博只当老先生在开玩笑，摇摇头问："我都失业了，我要是有钱还用天天啃方便面？"

老先生没有正面回答，而是说："那我今天花1万元买你一根手指头，你干不干？"

"不干。"

"倘若买你的一只手，给你10万元，你干不干？"

"不干。"

"要是让你马上变成我这样个糟老头子，给你100万元，你干不干？"

"不干。"

"现在让你马上死掉，给你 1000 万元，你干不干？"

"不干！"

"这就对了，你身上的钱足以超过了 1000 万元，你还有什么不快乐的呢？"

老人说完笑吟吟地走了，留下许博在那思索。

"是啊，我这么年轻，多么宝贵的财富啊，上天给了我健康的体魄、灵活的头脑，给了我慈爱的父母和讲义气的朋友，还有和平安稳的社会环境，我有这么多东西，应该感到无比的快乐才对。"想到这儿，许博一扫沮丧，带上简历和微笑，充满激情地去找工作了，很快就找到一份新的工作。然后通过努力，最终自己开了一家公司，让父母过上了幸福的生活。身为儿女，这就是最大的感恩。

金圣叹的快乐

感恩源自快乐。说到快乐，点评《水浒传》的清朝学者金圣叹很值得一提。他是一个对生活永远持乐观态度的人，他潇洒乐观，十分懂得领会生活的乐趣。

有一次他和一位朋友共住，屋外下了十天雨，对坐无聊，他便和朋友说着一件件日常生活中的趣事，一共列出了 30 多件"不亦快哉"的事。比如，夏七月，天气闷热难当，汗流浃背。正寻思如何时，雷雨大作，"身汗顿收，地燥如扫，苍蝇尽去，饭便得吃"——不亦快哉！独坐屋中，正为鼠耗可恼，突然出现一猫，疾趋如风，除去了老鼠——不亦快哉！上街见两个酸秀才争吵，又满口"之乎者也"，让人烦恼。这时来一壮夫，振威一喝，争吵立刻化解——不亦快哉！夏天早起，见有人在松棚下锯大竹作筒用——不亦快哉！冬夜饮酒，觉得天转冷，推窗一看，雪大如手——不亦快哉！推窗放蜂去——不亦快哉！还债毕——不亦快哉！读唐人传奇《虬髯客传》——不亦快哉！

在金圣叹眼里，平凡的生活到处充满着快乐，而这种快乐也是感恩人生美好的状态。虽然他的"快哉"是一种断想偶思式的，不大连续，但又不难看出其中的一根主线——幸福均来自于日常生活的场景，他以一种悠闲自得的心情，观赏着春花秋月，体味着生活的每一丝细微的波澜、每一阵触动心灵的颤抖，并从中去感悟快乐。这样的人生，想不幸福都难！

所以说，感恩就是快乐并幸福着，它像泥土一样现实而平凡，如果你对它抱有不切实际的幻想，你就会难免失望。像自然界有风雷电一样，生活也不会总是一帆风顺。如果你对幸福没有一个定义，你也许就会彷徨悲观。生活总是充满着戏剧性，如何对待它，主要看我们的心态。幸福的人生来自于快乐的真谛，让我们一起拿起快乐的武器，去创造属于自己的人生。要记得，无论如何，快乐都是人生的最佳状态。

综观古今，那些充满感恩情怀的人，哪个不是幸福的智者呢？他们不一定有显赫的背景、过人的运气，但总有乐观、打不败的精神。对于任何一个人来说，感恩给予我们的都不仅仅是快乐的感觉，而更能经常带给我们意外的收获。感恩虽无形，却有人们意料之外的力量，你只要信仰它，它就能像氢气球一般，带着你飞往幸福的高地。

在生活中人们会经常碰到一些麻烦，有些人说，我不是不感恩，但我太倒霉了，怎么能心怀感恩？

其实，说自己天天倒霉跟说自己天天好运一样，是不存在的事情。倒霉是每个人都会碰到的事，只是感恩的人会觉得是偶尔，而悲观的人就觉得是经常。感恩和幸福是一家，悲观和倒霉是一伙，如何选择，对结局至关重要。

所以说，感恩跟抱怨反映了两种人生态度，一种是光明的、阳光灿烂的；一种是比较潮湿的，就像黄梅雨般的天气。在这两种环境下生长出来的植物，想必一种是生机勃勃；一种就可能比较容易霉烂，这便是性格的形成。不能单纯将感恩理解为一种情绪的反应，大家应该看到，感恩中蕴涵着无限成功的可能、无限幸福的可能。渴望改变现状、创造属于自己的幸福的人，必须要叫上乐观与自己同行，它会给你带来意想不到的收获。

保持感恩的态度

有一次，著名主持人及表演艺术家王刚在电视台上主持一档鉴宝的节目，有个70岁的老先生，拿了一幅祖传的珍贵名画来到电视台上节目，要求"鉴定团"的专家鉴定。他骄傲地说，这是从他爷爷的爷爷辈传下来的传家宝，他的父亲说这是价值数百万元的宝物，他一直认真小心地保护着，由于自己不懂艺术，因而想请专家鉴定画的价值。

结果揭晓，专家认为它是赝品，连一千元都不值，当时的王刚着实为这个老先生难过，说如果这事发生在自己身上，怕要气得上吊。当时他就问老先生："您一定很难过吧？"哪知道来自乡下的老先生却一脸祥和，他憨厚地微笑道："啊！这样也好。不用再担心弄坏，也不用担心有人来偷，我可以安心地把它挂在客厅里了。"

老先生的自我解嘲令我感慨：原来拥有感恩的态度，可以让失去比拥有更轻松。生活的现实对于每个人本来都是一样的。但一经各人"心态"诠释后，便代表了不同的意义，心态改变，则事实就会改变；心中是什么，则世界就是什么。心里装着哀愁，眼里看到的就全是黑暗，抛弃已经发生的令人不痛快的事情或经历，才会迎来新乐趣。

黑格尔曾说过这样一句话：在这个世界上，你是自己最好的朋友，你也可以成为自己最大的敌人。当你感恩世界、接受自己时，你的心里就充满了阳光和温暖；反之，你的内心就会被黑色的浓雾覆盖。

现在很多刚刚踏入社会的年轻人，他们无论思想还是为人处世，都有很多不成熟的地方，却又敏感异常。他们希望每件事都做到完美，大家都能赞许他。但现实往往不如他们所愿，于是就很轻易陷入消极的情绪中，觉得全世界都在嘲笑自己。

他们不懂得保持感恩的态度，所以很容易与幸福产生冲撞，如果无法自我排解，将会陷入一个巨大的情绪旋涡，卷走生活的美丽和幸福。其实大家不要认为别人是多么在意我们的不足，做不好也不会影响这个世界的运转。所以，抛开那些无所谓的敏感，做回自己——最真实的自己。

人的一生，就像一趟旅行，沿途中有数不尽的泥泞坎坷，但也有看不完的春花秋月。就现实的情形而言，抱怨者一时的沮丧与哀号，虽然能得到人们廉价的同情与怜悯，但最终的结果是别人的鄙夷与不屑；而懂得感恩的人，经过长久的忍耐与奋争、努力与开拓，最终赢得的将不仅仅是鲜花与掌声，还有那温暖如春的幸福。

虽然每个人的人生际遇不尽相同，但命运对每一个人都是公平的。只有用感恩之心面对生活，生活才会回报你幸福和精彩。

信念的力量

10岁那年，刘伟因触电意外失去双臂。对于一个失去双臂的男孩来说，他的人生极有可能从此永远踏入残缺、灰暗、颓废、埋没，苟且地活，悄无声息地死。但是，生性乐观的刘伟，却感恩命运没有夺去他的生命，在常人难以承受的不便与痛苦之中，顽强地站起来，执着地要将自己的人生活得精彩、幸福。

伤愈后，刘伟加入了北京残疾人游泳队，并连续两年获得了全国残疾人游泳锦标赛百米蛙泳项目的冠军；19 岁时，刘伟带着对钢琴的热爱，毅然放弃高考，走上了学习钢琴的道路。在常人的眼中，用手学习钢琴都不是一件易事，而没有双臂的刘伟，却选择了用两只脚弹奏钢琴。他说："我从来没有把我当成什么特殊群体，就是你们用手做的东西，我用脚做，只是换了一种方式而已，没有什么不一样。"

就是带着这种乐观而感恩的信念，经过日久艰难的磨炼，刘伟竟真的用双脚弹奏出了完整、动人的旋律。从 2008 年开始，刘伟就开始参加各种演出与比赛，甚至参与了刘德华演唱的残运会歌曲的拍摄。2010年 7 月，刘伟一脸淡然与镇定，出现在了东方卫视《中国达人秀》的比赛现场，用双脚演奏了一曲完美的钢琴独奏。奏罢，评委和全场观众几乎个个眼含热泪，全部起身为刘伟鼓掌。在回答评委"是什么使你有这样的力量"的提问时，刘伟说道："在我的人生中只有两条路，要么感恩命运坚持地活着，要么抱怨人生活得像死去一样。"

最终，刘伟稳稳地拿到了《中国达人秀》的总冠军，成就了自己的幸福人生。

所以，每个人都应该做一个感恩命运的人。因为只有懂得感恩的人，才会在每次危难中都能看到机会，而迎来胜利的喜悦；抱怨的人则只能在每个机会中都看到危难，而使自己跌入失败的境地。这就是感恩的力量所在。希望幸福的人，一定要保持感恩的精神，用感恩来书写快乐和幸福。

13 感恩人生，满足于一起吃苦的小甜蜜

也许有人会说，为什么我不是含着金钥匙长大，为什么我不是特殊的那一个。然而事实上，在这个世界上，大多数的人都是平凡的，但这并不意味着大多数的人就不幸福。真正的财富，往往就是这些看似平凡的东西，只要你拥有一颗感恩的心，就不会被虚荣蒙上你的眼睛，你才能够发现这一切都不应当被你忽略。

贪婪的代价

据说上帝在创造蜈蚣时，并没有为它造脚，但是它仍可以爬得像蛇一样快。有一天，它看到羚羊、梅花鹿和其他有脚的动物都跑得比自己快时，心里很不高兴，便嫉妒地说："哼！脚多，当然跑得快。"于是它向上帝祷告说："上帝啊，我希望拥有比其他动物更多的脚。"上帝答应了蜈蚣的请求，把好多好多的脚放在蜈蚣面前，任凭它自由取用。蜈蚣迫不及待地拿起这些脚，一只一只地往身体上粘，从头一直粘到尾，直到再也没有地方可粘了才停止。

它心满意足地看着满是脚的躯体，心中暗暗窃喜："现在我可以像箭一样地飞出去了！"但是等它开始要跑时，才发觉自己完全无法控制

这些脚。这些脚噼里啪啦地各走各的，它非得全神贯注，才能使一大堆脚顺利地往前走。这样一来它反而比以前走得更慢了。

我们的生活中又有多少人像蜈蚣那样贪婪？一批又一批人前赴后继地把自己绑上欲望的战车，纵然气喘吁吁也不得歇脚。不断膨胀的物欲、工作、责任、人际、金钱几乎占据了现代人全部的空间和时间，许多人每天忙着应付这些事情，几乎连吃饭、喝水、睡觉的时间都没有。

其实很多人都无法静下心来感恩自己"已有的"或"曾经拥有的"，都总是"看到"或"想到"自己"失去的"或"没有的"。这当然注定了奔波忙碌。到头来，因为每个人的心态正彼此相克，所以很少能如愿以偿。相反，如果这个社会中的每个人，都能够试图将对方的不是及自己的欲求尽量放一放，多多感恩自己已拥有的，那么，彼此之间将会产生良性的互补作用，这也才是我们所乐意见到的。

相信，每一个人都希望重新见到过去那种不那么功利的社会。我们要学会给自己的"利欲熏心"减肥，要学会感恩现在，不要让那些无谓的争端引爆灾难的炸弹，破坏我们的幸福。

伊索说过，"许多人想得到更多的东西，却把现在所拥有的也失去了。"的确，人生的沮丧很多都是因为得不到的东西，我们每天都在奔波劳碌，每天都在幻想填平心里的欲望，但是那些欲望却像是反方向的沟壑，你越是想填平，它就向下凹得越深。

身外物，不奢恋

张小杰是个力求什么都做到最好的人，拼了命想抓住每一个机会。他成立了自己的公司，作为一个年轻人，这应该是足够满足的事情，可是他偏不满足，一天到晚想着如何把公司发展壮大，甚至冒险投资。

事情都是双方面的，所谓有一利必有一弊，事业越做越大，压力也越来越大。到了后来，张小杰发觉拥有更多、更大不是乐趣，反而是一种沉重的负担。他的内心始终有一种强烈的不安全感笼罩着。

这时候，"灾难"发生了，他的公司因投资失败破产了，交往了五年的女友和他分手……一连串的打击直奔他而来，就在极度沮丧的时候，他甚至考虑结束自己的生命。

在面临崩溃之际，他向一位有名的心理医生求助："公司倒闭了，现在，我不知道我还能做什么。如果投资不失败的话，公司肯定会更壮大的，现在我感觉好痛苦，幸福是那样遥不可及。"心理医生沉吟片刻后回答："你什么都能做，别忘了，当初你也是从'零'开始的，但相比这个，你更应该懂得感恩、懂得满足，这样，你现在就可以很幸福！"

这句话让他恍然大悟，明明已经拥有许多，自己却不感恩，反而是贪婪更多。懂得这些道理后，他又重新振作起来，现在又有了自己的公司，虽然不大，但他每天都很开心。

张小杰说，人人都有欲望，都想过美满幸福的生活，都希望丰衣足食，这是人之常情。但是，如果把这种欲望变成不正当的欲求，变成无止境的贪婪，那人类就无形中成了欲望的奴隶了。

在欲望的支配下，我们不得不为了权力、为了地位、为了金钱而削尖了脑袋向里钻。我们常常感到自己非常累，但是仍觉得不满足，因为在我们看来，很多人比自己的生活更富足，很多人的权力比自己大。所以我们别无出路，只能硬着头皮往前冲，在无奈中透支着体力、精力与生命。

扪心自问，这样的生活，能不累吗？被欲望沉沉地压着，能不精疲力竭吗！静下心来想一想：有什么目标真的非让我们实现不可，又有什么东西值得我们用宝贵的生命去换取？适当的感恩一下人生吧，同时修剪一下自己的欲望，别让那些不必要的贪念支配你的生活，让你就那么不经意地错过了生命的花期。

人生短暂几十年，来的时候一无所有，去的时候什么也带不走，何必物欲太强，贪占身外之物？"身外物，不奢恋"是思悟后的清醒，它不但是超越世俗的大智大勇，也是放眼未来的豁达襟怀。谁能做到这一点，谁就会遇事想得开、放得下、活得轻松、过得幸福。

知足常乐

刘轶小的时候，有一次和爷爷进林子里去捕野鸡。爷爷教刘轶用一种捕猎机，它像一只箱子，用木棍支起，木棍上系着的绳子一直接到他们隐蔽的灌木丛中。野鸡受撒下的玉米粒的诱惑，一路啄食，就会进入箱子，只要一拉绳子就大功告成了。

支好箱子藏起不久，就有一群野鸡飞来，共有9只。大概是饿久了的缘故，不一会儿就有6只野鸡走进了箱子。刘轶正要拉绳子，可转念一想，那3只也会进去的，再等等吧。等了一会儿，那3只非但没进去，反而走出来3只。

刘轶后悔了，对自己说，哪怕再有一只走进去就拉绳子。接着，又有2只走了出来。如果这时拉绳，还能套住一只。但刘轶对失去的好运不甘心，心想着还会有些野鸡要回去的，所以迟迟没有拉绳。

结果，连最后那一只也走了出来。刘轶一只野鸡也没有捕到。

由此可见，不知足其实就是一种变相的贪婪，是欲望无止境的一种表现。永不知足是一种病态，其病因多是对权力、地位、金钱之类的贪婪而引发的。这种病态如果继续发展下去，就是贪得无厌，其结局就是很难感恩命运，很难感觉幸福。

快乐重要的是对追求过程的一种体验，而不是结果。结果无论成败得失，只要中间过程给你带来了欢乐幸福，那就行了。有时，得而复失，失而复得，幻想破灭，空欢喜一场，这都是快乐的过渡和转化。

要是我们得不到我们希望的东西，最好不要让忧虑和悔恨来填满我们的生活，且让我们原谅自己，学得豁达一点。古希腊哲学家科蒂说过，"一个人生活上的快乐，应该来自尽可能少的对外来事物的依赖。"罗马政治学家及哲学家塞尼加也说："如果你一直觉得不满，那么即使你拥有了整个世界，也会觉得伤心。"

所以，我们要学会知足，学会感恩，俗话说，知足者常乐，而常乐，就是幸福。

一直以来，人们都觉得，幸福是一种态度，而与外在的因素没有太大的关联。即使我们没有丰厚的物质基础，但我们同样可以拥有快乐的心态。这种态度在于你咽着粗饭的时候还是兴致勃勃，汗流浃背时还能唱出咏叹调，不以身体状态的累而造成心理状态的累，不以身体状态的痛苦而造就心灵上的痛苦。大声笑，欢声笑，就是快乐。请记住，快乐不受外界影响，它就住在你的心里。

如果说人生来就有穷富之分不公平，那么对于所有人来说，上帝都赋予了平等的权利，那就是感恩。我们无法决定自己的出身，甚至很多时候无法掌控自己的人生轨迹。但是，我们却都有感恩的权利。就算我们生活清贫、容颜衰老，甚至疾病缠身，我们也能用感恩的眼光去看待生活的万事万物，让自己享受快乐、感受幸福！因为快乐就住在我们的心里，任谁都无法剥夺。

快乐的根

沈雯婷很喜欢旅游，有一次，她去终南山旅游。

在山脚下，听卖纪念品的老伯说，终南山一带出产一种快乐藤，凡是得到这种快乐藤的人，都能变得快乐无比，再也不知烦恼为何物。

她听说了这件事情，十分羡慕，虽然明知不太可能，但还是决定得到这种神奇的植物。于是，她努力地去找这种藤。终于，在历尽艰难之后，在险峻的山崖上，找到了这种快乐藤。然而，她却发现自己并没有得到预想中的快乐，反而感到一阵空虚和失落。不禁十分迷惑。

当晚，她在山上一位老人家里借宿，面对皎洁的月光，她不禁发出了长长的叹息。老人听到声音后，问道："小姑娘，出来旅游应该开开心心的，叹什么气啊。"

于是她说出了心中的迷惑：为什么自己得到了传说中的快乐藤，但却没有得到快乐呢？

老人听后不禁乐了。他说："其实，快乐藤并非只有终南山才有，它生长在每个人的心中，只要你有快乐的'根'，那么不管走到天涯海角，你都能得到快乐。"

听完老人的话，沈雯婷顿时觉得茅塞顿开，于是又问道："那什么才是快乐的根呢？"

老人悠悠地回答道："感恩就是一个人快乐的根。"

的确，一个人快乐与否，不在于他拥有什么，而在于他的心中如何看待自己的拥有。懂得以感恩的态度看待眼前的一切，幸福就会自己找上门；相反，如果总是怀着不满、抱怨的心态生活，那么即使再努力，幸福也会逃之夭夭。

要知道，我们都无法预计明天，即使前半生都一帆风顺、富贵加身，也不能保证自己能安然无恙、无忧无虑度过一生。因此，快乐不能储存，但却可以在心中无限生长。快乐也不在于事情本身，而在于我们心中的感受。唯有心才是我们快乐的源泉。

很多人最想问的一个问题是，怎样才能得到快乐、变得幸福？也许罗曼·罗兰的一句话可以作为答案——"一个人的快乐与否，绝不在于获得了或是丧失了什么，而只能在于是否感恩现状。"这句话很明白地告诉我们，快乐就是感恩现在，无论是贫穷还是富有，只有感恩现在，才会拥有快乐。而只有让快乐常驻心中，变为心里的根，才能永远留住快乐的感觉，留住幸福的滋味。

禅师的兰花

很久以前有一位禅师非常喜欢兰花。在他的院子里，摆满了长有兰花的花盆。一次，他外出云游，临行前，将兰花交代给徒弟照料，并叮嘱徒弟要多用心思。

徒弟当然知道这是师父的心爱之物，每日小心呵护，兰花一直生长得很好。但是，就在禅师快要回来的一天晚上，一只失去控制的狗跑入禅师的院子里，将兰花踏了个粉碎。

徒弟醒来后看到这一切，不禁懊恼起来，他倒不怕自己受罚，只是怕爱兰如命的师父会过于伤心。

讲到这里，大家可以想一下，如果你是禅师，回来之后会怎样面对？

禅师回来之后，只看了院子里的兰花一眼，竟然像完全没有察觉它们被毁掉一样，径直走入了自己的房中。徒弟十分奇怪，以为师父伤心过度，不愿与自己讲话，便懊恼地坐在一旁。这时，禅师竟开口道："我当初种兰花，不是为了今天生气来的。而且，谁说兰花不在了，它们仍然在我心里。我很感激它曾在开放的日子带给我的快乐。"

"我很感激它曾在开放的日子带给我的快乐。"这是多么智慧的一句话。禅师将懊恼、气愤等不利的因素都抗拒在心门之外，而只给自己留下豁达、感恩的心境，气定神闲，坚持自己的信仰。而"谁说兰花不在了，它们仍然在我心里"，更是让我感触，是啊，谁说幸福不在了，幸福永远就在我们的心里。

每个人的心中，都住着快乐、幸福这样的"积极分子"，每个人的眼睛，也都有发现美好、发现幸福的功能。一个人快乐与否，就取决于他是否愿意用感恩来开启心中的快乐。改变自己看待快乐的立场，将它作为自己心中的一个常客，把握好生活的每一个角落，把握好脚下的每一步，幸福就会守在你身边，永远不会远离。

14 用感恩浇灌，开一朵美丽的亲情之花

所罗门说过一句名言，"世界上唯一最美丽的，就是用感恩浇灌的亲情之花。"

古往今来，所有的诗人和作家，都把感恩亲情和幸福联系在一起，的确，亲情就像那清晨的甘露，晶莹剔透；亲情就像那寒冬腊月里的一枝梅，泛着淡淡清香；亲情就像那一坛老酒，弥漫着幸福的清香。而感恩母爱则是所有感恩里最伟大的一种。

恐怕没有人会质疑母爱是人间最伟大最无私最真诚的爱，正是因为有了母爱，世界才变得如此幸福。

其实从我们来到人世第一次睁开眼睛，便开始沐浴在母爱带来的温暖和幸福之中。因为母爱的保护，使得我们这些小幼苗茁壮成长。阴霾来临，风雨来临，挫折来临，苦难来临，不用怕，因为一定会有母爱为我们支撑起一片幸福的艳阳天。

可以说我们每个人的成长都离不开母爱，是母爱给了我们幸福的童年，赋予了艺术家神奇的灵感，启迪了科学家敏锐的智慧。所以，每一位母亲都是幸福的天使，她们奉了上帝的旨意，把幸福带到人间。也许有人要说，母爱是平凡的，然而恰恰是因为其平凡，才更值得人感恩和

幸福。事实上，这种平凡是另一种意义的伟大。

西方哲人曾说，世界上最伟大的幸福是母爱。上帝在创造人间"母亲"的时候花了许多的时间，到了"母亲"出世的那天，仆人问道："您为什么在造她的时候花了那么多的时间啊？"上帝说："人间的母亲，她具有站立起来就不会弯曲的膝部关节，她靠残羹剩饭就能生活，她拥有能够迅速医治创伤和疾病的亲吻，从挫折到失恋，都能治愈。她有6双手，3双眼睛，她的眼睛可以透过紧闭的房门洞察一切，当孩子们有了过失或麻烦，她只需看着他们而不必开口就能表达这样的意思：我理解你们，并爱你们。"

所以，对于亲情的感恩，是我们生命历程里必不可少的责任。

母亲的坚强

还记得有一天，梁兴虎接到父亲的电话，要他有空回家一趟，同时让他放心，没什么事，就是母亲想见见他。听到这个消息，梁兴虎的心猛地抽了一下，急忙请假回家。因为没什么事，家里哪会打电话啊，真是连撒谎都不会。

回到家里，见到母亲，一颗悬着的心才放了下来，原来她下楼梯不小心摔了一下，胳膊骨折了，可是在她风趣的话语和爽朗的笑声中，仿佛一点事也没有，还不停地埋怨说："你看看，才多大点儿事啊，你爸就打电话，我说这还不把咱儿子给吓着，就不听我的，打什么电话啊，儿子工作多重要啊，我这点伤算什么。"

听到这话，梁兴虎只觉一股暖流涌上心头，那是幸福的暖流。虽然只是一件平常的小事，可是母亲所表现出的，却让他十分感动。当时医生也在旁边，笑着对他说："你妈真行，伤得那么重，哼都没哼过，还跟我们开玩笑呢。"看到母亲那张苍白的脸和深深的皱纹，梁兴虎知道她在忍着疼痛，因为不想大家为她担心。

在梁兴虎的印象里，母亲是一个特别坚强的人。很小的时候，父亲工作特别忙，于是母亲就用她坚强的身体支撑着整个家，让他在温馨的家庭里健康成长。

长大工作后，梁兴虎常常会因为工作和事业的不顺利感到心烦，总想着为什么别人看起来很幸福，偏偏自己不幸福？但那次回家后，他才明白，其实在母爱的关怀下，他一直都幸福着。面对如此的恩情，怎能不感恩呢？

那一次母亲在床上躺了近一个月，大家无微不至的照顾也让她感受到幸福的喜悦，看到母亲开心，梁兴虎也感到一股由衷的快乐。这正是感恩的力量。有句话叫血浓于水。然而比血更浓的，就是这种相依相顾的幸福。

在中国，有两首歌是最出名的，第一首自然是《国歌》，我们可以在任何角落任何大会上听到这首歌，也是一首让我们骄傲自豪的歌曲。而另一首歌，相信没有人是不会唱的，而且在很小很小的时候就会唱了，没错，当然就是《世上只有妈妈好》。

"世上只有妈妈好，有妈的孩子像个宝，投进妈妈的怀抱，幸福少不了"。"妈妈"不仅把我们带到了这个世界上，还用她的爱哺育着我们成长，是她的爱使我们在人生的道路上扬帆。可是她这样做，并不是为了有所回报，她们的最大希望就是子女平平安安，健康幸福。这才是母爱最伟大和最令人幸福的地方。正因为如此，我们更需要对妈妈怀有感恩之情。

这就是母爱

在汶川地震后，张少涵和朋友第一时间赶到四川支援，那时候许多房子都倒塌了，但各地来的救援人员还在不断搜寻着可能的生还者。

在那几天里，张少涵目睹了许多叫人感动流泪的事情，但最让他震撼和感动的，是一位母亲。当时他们正在搜索生还者，忽然听到一声微弱的呼唤："快来，快来人。"大家赶过去，在废墟中看到一个令人难以置信的画面——一位母亲，用手撑地，背上顶着不知有多重的石块。一看到救援人员，她好像已经没多少力气了，轻轻地动着嘴唇："求求你们，救救我女儿，我已经撑了两天，我快撑不住了……"

她 5 岁的小女儿，就躺在她用手撑起的安全空间里。

在场的所有人都感动了，他们拼命地小心地搬移周围的石块，希望尽快解救这对母女。但是石块那么多、那么重，真不敢相信那样瘦弱的一个母亲，竟然能支撑起这样大的重量。在他们忙碌的时候，那位母亲一直安稳地撑着，没有哭喊，也很少说话，只是安详地看着她的女儿。

救援行动从白天进行到深夜，终于，一名高大的救援人员够着了小女孩，将她拉了出来，但是……她已气绝多时。

母亲急切地问："我的女儿还活着吗？"

以为女儿还活着，是她苦撑两天唯一的理由和希望。

这名救援人员终于受不了了，他放声大哭："对，她还活着，我们现在要把她送到医院急救，然后也要把你送过去！"

他知道，如果母亲听到女儿已死去，必定失去求生的意志，松手让土石压死自己，所以骗了她。

母亲疲惫地笑了，随后，她也被救出送到医院，她的双手一度僵直无法弯曲。

第二天，国内很多报纸上都有一幅她用手撑地的照片，标题是：《这就是母爱》。

如果这样的母爱不值得感恩，还有什么值得感恩呢？

事实上，在我们周围，这样的母亲有很多，古往今来一切诗人无一例外要歌颂母亲，正是因为母爱的神圣和伟大。她们从来只想着付出，从未想过回报，在这个由钢筋水泥构建而成的社会里，显得弥足珍贵。

有句话说，每个成功的男人背后都有一个默默付出的女人，其实无论我们成功不成功，在我们的背后都始终有这样一个女人，那就是我们的母亲。

感恩的幸福

现在已是我国著名的地质专家的范道程先生，在怀念过去时，总会想起初二的某一天，那天是母亲节，放学以后，他独自一人走在那条熟悉的小路上，在思绪些什么——今天是母亲节，我应该给妈妈一个怎样的惊喜呢？尽管绞尽脑汁，还是没有任何收获。他沉默着……无意间，发现了鲜花店前一块很鲜艳的广告牌，上面有许多鲜花包围着几个闪亮的大字："用束康乃馨，送给母亲四季的温馨。"他才突然醒悟过来，迫不及待地走到鲜花店里，精心挑选了一支淡雅而高贵的康乃馨，就回家了。

回到家里，爸爸还没下班，妈妈倒是下班了，但还没回来，估计是去远一点的地方买菜了，因为便宜。这时候，他拿出了那支最心爱的笔，在自制的小卡片上，用自己最漂亮的字，写了一些悄悄话和一些贺语，还在卡片上画了许多的心。想到妈妈开心的表情，他忍不住地开心。

弄好以后，他便在自己的房间里做作业。有生以来，那是我第一次感觉时间过得太慢了，我在急切地等待着妈妈回家的脚步声……时间滴答滴答地过去，终于，门铃"叮咚，叮咚"地响了！他知道，一定是妈妈！不知怎么的，一下子变得紧张起来，他匆匆拿起那被包装好的康乃馨，去开门。"咔嚓"一声，门打开了，虽然是一张那样熟悉的面孔，可是每次看到都是那样的亲切。

范道程轻轻地说了一声："妈妈，母亲节快乐！"并把精心准备的鲜花送给了她。妈妈一愣，然后反应过来，情不自禁地给了他一个深情的拥抱！也许是妈妈不太善于表达吧，嘴巴动了半天没说出一个字来，最后才说了句"乖儿子"，虽然只三个字，但他心里像吃了蜜糖一样，甜滋滋的！那一刻的那种幸福，是无言表达的，那是一种感恩的幸福！

在妈妈的怀里，他才体会到了什么叫"真正的幸福"，虽然只是一支不太起眼的康乃馨，但是，因为那是他送的，所以变得那么有价值；虽然只是一个拥抱，但是，因为那是妈妈的拥抱，是感恩母爱的拥有，所以变得更有意义！

左拉说过，"感恩母亲，是每个人天生的责任。"

有这样一个男孩，功课很差，老师和邻居说他的智力有问题。看上去，男孩的确有些沉默寡言，他总是一个人坐在院子里的花园里盯着花草小虫一动不动。他的父亲教训他："除了喜欢这些花花草草和虫子，你什么都不操心，继续这样下去，你将来肯定一事无成。"

他的姐姐也看不起这个学习成绩平平、行为怪异的弟弟。他在家庭中是一个不受欢迎的人。但是他的母亲爱他，她想如果孩子没有那些乐趣，不知道他的生活还会有什么色彩。她对丈夫说："你这样对他不公平，让他慢慢学会改变吧。"丈夫说："你这不是教育，你会毁了他的一生。"但她却固执己见，他是她的孩子，需要她的安慰和鼓励。

她支持男孩到花园中去，还让孩子的姐姐也去。母亲要了一个小心机，她对男孩和他的姐姐说："比一下吧，孩子，看谁从花瓣上先认出这是什么花?"男孩要是比他的姐姐认得快，妈妈就吻他一下。这对男孩来说，是多么令人兴奋的一件事，他回答出了姐姐无法回答的一些问题。他开始整天研究花园里的植物、昆虫，甚至观察蝴蝶翅膀上斑点的数量。

对于她的做法，她的丈夫觉得不可理喻，认为那种怜爱是无助无望的，除了暂时麻醉男孩之外，根本毫无益处。

但是，就是这位醉心于花草之中的孩子，多年后成了生物学家，创立了著名的"进化论"。他自然就是大名鼎鼎的达尔文。

如果说孩子是向日葵，那么父母无疑就是天空中的太阳，孩子总是渴求阳光的方向，所以把父母当成了自己情感依托的天堂。但是，如果父母没有很好地把握自己对孩子的教导，就可能将孩子引入歧途。

所以父母一定要做孩子心目中快乐幸福的天使。即使他不爱说话，也要积极与他交流；即使他变得很自卑，也要让他意识到这个世界还有阳光；即使他不再懂得爱了，也要将他懵懂的意识唤醒，让他感受到亲情的温暖……让你的心引领着他的心，让你的快乐感染着他的快乐，千万不要将自己思想的阴霾传染给孩子，那样，等于你将一颗毒瘤注入了一个本该幸福的灵魂。

身为父母总是望子成龙、望女成凤，当孩子降生后，父母便将人生的重心完全转移到孩子身上，仿佛已失去了自我。父母会竭尽所能，奉献所有，只要儿女能过得好，也正因为如此，父母将所有的期冀放在孩子身上，有时竟忘了：他们还只是孩子，他们也需要情感上的安慰。

而这个，在IT天才张兆英身上，得到了很好的印证。那是一封他写给儿子的一封信，上面是这样写的：

我的好宝贝，爸爸有一些话想对你说。这时候你睡得正香，一只小手掌压在脸颊下，你的额头有细小的汗珠，我想告诉你的是，我是带着愧疚的心情来到你的床前。

我想了许多事，孩子，我常常对你发脾气。早上你穿好衣服准备上学，胡乱用毛巾在脸上碰一下，我责备你；你没有把鞋子擦干净，我责备你；看到你把东西乱扔，我更生气地对你吼叫。

吃早餐的时候也一样。我常骂你打翻东西、吃饭不细嚼慢咽、经常忘拿书包，等等。等到你离开餐桌去玩，我也准备出门，你转过身，挥着小手喊："再见，爸爸。"我仍皱着眉头回答："肩膀挺正。"

记得吗？就是刚才，我在书房里看报，你怯生生地走过来，眼里带着惊吓的神色，站在门口踟蹰不前。我从上方望过去，不耐烦地叫道："你要什么？"

你不说一句话，只是快步跑过来，双手搂住我的脖子亲吻。你小手臂的力量显示出一份情爱，那是上帝种在你心田里的，任何漠视都不能令它枯萎。你吻过我就走了，吧嗒吧嗒地跑上楼。

孩子，就是那时候，报纸从我手中滑落，我突然觉得害怕，我怎么养成了一个坏习惯啊！挑错、呵斥的习惯——这就是我对待孩子的方法？孩子，不是我不爱你，只是我对你期望过高，不自觉地用自己年龄的标准去衡量你了。

其实，你的本性里有许多真善美。你小小的心灵就像刚从山头升起的阳光一样无限光明，这一点可以从你天真自然、不顾一切跑过来亲吻我的动作中看出来。孩子，今晚其余的一切都不重要了，我在黑暗中跪到你床边，深觉愧疚！

这是一种无力的赎罪，我知道你未必懂得我所说的这一切。但是，从明天起，我会认真地做一个真正的父亲，要和你结为好朋友，你痛苦的时候同你一起痛苦，欢乐的时候同你一起欢乐。我会每天告诉自己："你只不过是个男孩——一个小男孩。"

看到这封信的每个人，都非常的感动，已为人父母的你，是否也曾这样真诚、坦白地向自己的孩子表达你的想法、感恩和爱？这样做，会让他们幼小的心灵得到更多的温暖，而在那最温暖的内心深处，必然开出幸福的花朵。

家人是我们生命中最重要、最亲密的人，我们对于他们的感情是最深的，这不是责任，也不是负担，而是养料，是感受幸福最重要的东西。

一张母亲的照片

在《晓冷集》里有这样一个故事：

1898年5月1日，马尼拉湾大战刚刚开始。舰艇上，指挥员命令大家脱去衣服，准备行动。其中一位弹药手匆匆脱下上衣时，衣服从他手中滑了出去，飘进了大海。此时，他转身走到舰长跟前，请求允许他跳进大海把衣服捞上来。舰长没有答应他。于是这个弹药手就走到这艘船的另一边，径自沿着梯子爬下去，跳进海里，游过去抓住了衣服。当他回到船上以后，因为违反了军令而被戴上了镣铐。

事后，海军准将杜威对这个案子很感兴趣。因为他很想知道，为什么一个弹药搬运工为了一件上衣，竟敢冒着生命危险去违犯军规。

当杜威将军找他谈话时，弹药手忍不住哭了。原来在脱掉上衣之前，那个士兵还在看他母亲的照片，他还吻了吻这张照片，然后把它放进了上衣的里兜。不料，一不小心，衣服飘落到了海里。将军噙着眼泪听完了他的话，然后将他从椅子上扶起来，拥抱了他。随即将军下达了命令，立即释放并赦免他。

将军感慨地说："一个冒着生命危险去抢捞自己母亲照片的儿子，在这艘舰艇上是不能被戴上镣铐的。"

将军之所以放过这位弹药手，是因为他看到了他美丽的心灵中开放的、由感恩浇灌而成的亲情之花，而在他自己的心底，也同样有这样一朵幸福之花在开放，亲情从来就是这样的，它无声无形，却拥有打动人心的力量，它就像一朵绝美的花朵，散发着幸福的芬芳。

15 不离不弃，感恩尽在不言中

著名作家冷语诗曾说过这样一句话：当你穷困潦倒的时候，看看那些始终陪在你身边的亲人，如果一个也没有，那你的人生无疑是可悲的；如果有，哪怕仅有一个，也应该感恩命运，有这么一个人，让你不孤独。

不离不弃，很简单的四个字，可是想要做到这一点，却是那样的不容易，若没有感恩的情怀，几乎是做不到的。中国有句俗话叫"久病床前无孝子"，但这并非就是绝对的事情，事实上人间还是有真情在的，正因为如此，幸福才从不远离。

亲情的力量

记得电视上播放过一个节目，主人公叫戴忠华。这是个很平凡的人，可是在那一片小区，他却是个"名人"，出名在于他的特别。50 岁的戴忠华从出生就智力不健全，不会说话，也很少能听懂别人的话，在生活上处处需要帮助。37 岁之前，戴忠华跟老母亲住在一块，生活得很平稳。可 13 年前，母亲去世了，有人说这回戴忠华可完了，妈没了，估计得被送到福利院。还有人认为戴忠华活不了多久了，有谁能像妈一样管他啊。

就在大家都为他的未来担忧时，戴忠华的姐姐戴丽君把他接回了家。有的人听说了这事，说道："戴忠华肯定住不长久，姐姐伺候也就罢了，人家姐夫和外甥能受得了跟个傻子常住吗?"

外人的话虽然说得难听，可是事实摆在面前，戴忠华确实无法像常人那样生活。

首先他的生活不规律，有时候半夜睡不着觉，会满屋乱走，会冷不丁地钻进姐姐、姐夫的房间，把灯打开，啊啊地叫一通，噼里啪啦走好多圈。其次，戴忠华吃饭时一般人就没法忍受。他用筷子很笨，几乎就是杵着筷子在盘子里乱杵一气，吃的还不如浪费的多，一餐下来，菜汤、饭粒满桌都是，有时没等饭到嘴里，他的口水已经喷溅得四处都是了。

戴忠华上厕所不会自己擦屁股，用手纸一扯一长条，然后拿着纸在屁股上乱擦，粪便都能蹭到墙壁上、衣裤上。更甭提洗脸、刷牙了，那根本不会自己完成。

更可怕的是，戴忠华还不爱在屋里待着，每天都得出外散心，要不然他就会在屋里发狂、会跑到阳台上乱喊。如果有人拦着他，他就会使劲儿扒拉人。

面对这样的情况，哪怕送进精神病院也是无可厚非的吧，可是戴忠华的姐姐和姐夫却非常的大度，一直不离不弃地照料着他。

早先的时候，戴忠华如此的表现让邻居很有意见，有的人甚至登门来找，结果发现戴忠华是被姐姐、姐夫照料着，邻居们都格外受感动。

姐姐戴丽君跟妈妈一样，无微不至地照顾戴忠华，每天给他穿衣服、陪他上厕所、整理他弄乱的一切。更可贵的是姐夫张学明、外甥张世磊，从不嫌弃他，无论他怎么邋遢，也顿顿跟他同桌同盘吃饭。姐夫还会带戴忠华逛早市，怕他走丢，就把右手跟他的左手用绳系在一起。姐夫还会带着他去洗澡，给他搓背。外甥不忌讳跟戴忠华住同一个房间，每当戴忠华发狂时，外甥反而像长辈，拍他的头，耐心地哄他。

考虑到戴忠华的大小便问题，戴忠华的房间没放床，而做成了榻榻米的形式，就这样，戴忠华也会不时地把榻榻米弄脏，此时外甥会拿块抹布一点点收拾干净。

戴忠华一晃在姐姐家生活了13年，现在姐姐、姐夫下岗了，都在外面打工，但还会替班照顾他。因为被照顾得好，戴忠华身体特别好。转眼间外甥30岁了，也到了该谈婚论嫁的年纪，不少人劝戴丽君，把戴忠华送走吧，要不得耽误儿子找对象，可别说戴丽君不同意，外甥张世磊也不同意。"舅舅是亲人，绝对不能送走，而且将来谁要跟我处对象，首要的条件就是能接受我舅舅。"

戴忠华虽然听不懂话，但他能感觉到谁对他好，即使他再贪玩，也会准时回家。记者给他们全家拍照片时，戴忠华跟姐姐一家人紧挨着坐在一起，看着镜头，特别安静，微微笑着，溢满幸福。

没有常人的思维、生活无法自理，甚至连擦拭大小便都得别人帮忙，50岁的戴忠华是不幸的。然而姐姐、姐夫、外甥一家三口13年对他不离不弃，尽心尽力地照顾他，喂他吃饭，容忍他偶尔地发狂，让他永远穿得体面干净，戴忠华又有着令人感叹的幸福。而相对应的，他的姐姐、姐夫和外甥并不因为这样费力照顾他而感到厌烦，他们也同样感觉到一股来自于亲情的幸福。

人之所以和动物区别开来，就在于人有感情，懂得思考，懂得感恩。从常规的角度来看，确实照顾这样一个亲戚是麻烦的，闹心的，可是亲情的伟大之处就在这儿，它能够让人拥有感恩的情怀，感激上天给予的亲人，它不以利益为衡量标准，而是以爱。在照顾病人的过程中，无论照顾者还是被照顾者，都被浓浓的亲情包围着，幸福着，这又岂是一般人所能体会到的。

平凡中的坚守

在现实生活中，平凡中的坚守，更令人感动、更体现幸福。

著名编剧王卫奇先生曾写过这样一个真实的故事，故事发生在他刚来北京的时候，那时候他住的是平房，在大院里，住着两位退休的教师。每天下班回来的时候，都不忘朝那个方向多望几眼，看着他们忙碌的身影，感受着他们平淡的恩爱。

刚刚退休无事，他们把院里的一小片空地开发了出来，种了一些菜，西红柿、茄子、土豆……种得不多但品种很多。他们经常忙着耕种、守护、收获，日子似乎简单而充实。

院子里除了花草飘香之外，正中间是一个乒乓球台，老两口经常切磋球技。有时候，师娘竟然穿着围裙打球，那样子真是有点滑稽。因为离得近，能清楚地看到他们的表情，听到他们的笑语。他们有时会专心地接发球，有时又乐得前仰后合。老先生经常很专业地教授师娘接发球的招式，有时师娘会奋力反驳，但每次在他们脸红脖子粗的辩论之后，都是师娘乖乖地点头表示接受。老先生则总是一副"孺子可教"的架势，满足地回到自己的阵地，继续切磋球艺。邻居们看着他们一招一式如此讲究，不得不叹服他们的认真。这个时候，王卫奇就是他们最忠实的观众，在心里给他们加油的同时，也深深地感动于他们夫妻间的这种互敬互爱。

然而天有不测风云，师娘突然得了脑血栓，全身瘫痪，从此，家里家外都是老先生一个人在忙碌。他独自一人把院落收拾得干净利索，种上各种时令蔬菜，独自一人洗衣服，独自一人骑车去市场买东西，独自一人承受着生活的悲悲喜喜。

为了让师娘多晒太阳，老先生花了整整一个星期编织了一件宝贝，就是那个到了春天就可以躺着的藤椅。晒太阳是有讲究的，上午 8 点以后，阳光充足而又不毒辣，老先生就把师娘抱出屋子，小心地放在藤椅上，然后，他拿来小凳子坐在一旁，或读报，或聊天。有时，师娘会微笑地看他侍弄院子里的蔬菜，还不忘唠叨一番，这里的茄子该施肥了，那里的黄瓜该搭架了，油菜该捉虫了……

老先生最惧怕听师娘唠叨，倒不是师娘说话听起来费力，关键是怕唠叨多了会累坏了师娘的身体。这时候，老先生可是有策略的，他会笑意盈盈地走到老伴的跟前，俏皮地说："你再这样唠叨下去，我可要把你抱起来转圈了，你看，那楼上住着的邻居们可都看着呢！"别说，这一招可真灵，师娘必定会住了嘴，还会嗔怪地说一句，"你这老鬼，又不正经了。"虽是埋怨，但王卫奇分明看到，师娘的笑容就像热恋中的少女一样，浸透着无尽的甜蜜。

日出日落，时光每天机械地轮转，日子似乎单调而枯燥。可是每天都能看见他们忙碌的身影、平静的表情以及洋溢在脸上的幸福笑容。

原以为，花前月下的卿卿我我才是幸福；原以为，儿孙绕膝的天伦之乐才是幸福。看着这极美的风景，你能说他们不幸福吗？

真爱不必言说，爱的真谛就深藏在不离不弃的平淡生活中，等待着你去体味。

相濡以沫、不离不弃，这就是感恩的真谛，幸福的真谛！

感恩并不需要惊天动地的表演，有时候，感恩只是一首淡淡的歌，就像那首《常回家看看》：

> 找点空闲，找点时间，
> 领着孩子常回家看看，
> 带上笑容，带上祝愿，
> 陪同爱人常回家看看，
> ......

虽然过了这么多年，这首歌仍然响遍神州大地，不得不说是歌坛的一个奇迹，而促成这一奇迹的，是这首歌背后所包涵的东西，那就是合家团圆的幸福，是儿女孝顺的幸福，是感恩亲情的幸福。

有关部门曾做过这样一次有关幸福感的大调查，结果显示在最后的调查报告里，儿女是否孝顺排在了第一位，这令许多人惊讶。但事实上，孝顺成为影响老人幸福的首要因素，这就是中国特色。因为中国人十分看重孝道，这点和西方人有很大的不同。在西方，父母可以与子女断绝关系，子女也可以不赡养父母，而在中国这样做，是要受到强烈的道德谴责的。而要做到孝，其中最重要的一点就是感恩，感激父母的恩情。

孝文化在中国源远流长，传统孝道盛行两千多年，它是中华民族的文化瑰宝。中国人看重家庭伦理观念，在家庭里父母对孩子的付出是无私的。现在也一样，有的子女甚至大学毕业以后还依靠父母生活。可以说，中国的父母是世界上最无私的，对子女的付出也最多。因此，如果孩子不孝顺父母，父母不仅在感情上难以接受，也会为将来自己丧失生活能力后无人照料而担忧。于是，在我国这个社会体系里，出现了

"百善孝为先"，要求子女要尽自己的义务赡养老人、回报老人。

事实上，这样的结果和我国当前的城市发展水平是吻合的。从我国近年来的经济发展可以看到，传统的孝顺观念已经受到了很大的冲击。很多人对情感的认识变得功利化，甚至对亲情常用金钱来衡量。目前，一些地方，对老人的赡养更多的是注重满足他们的物质需求，而忽视了他们的情感需求。另外，城市里年轻人生存压力越来越大，忙于工作的他们也很少有时间去考虑老人的感受，这会让老人感到孤独、寂寞，没有幸福感。而事实上，在现今环境下老人对子女的依赖很强，这就是为什么孝顺能排在第一位的原因。孝顺，作为一种传统的人伦观念并不会没落，它作为一种优良的传统美德，有着中华民族流传几千年的烙印。孝顺，能促进家庭的和谐。作为被中国人普遍认可的伦理观念，它具有很强的传承性。为人父母后的成年人更加孝顺父母，正是希望将来子女对自己也孝顺。

但这种依赖并非全是物质上的，如今很多老人缺的并不是物质，而是精神上的满足。老年人需要有自己的精神生活，这样才能感到幸福。作为子女，以下几点可以作为参考：

● 不伤老人的自尊心，不顶撞老人。对于老人的意见，首先要耐心听完，切莫中途打断。特别要注意，千万不能在亲朋好友面前调侃、顶撞老人，这样最伤老人的自尊心。

● 与老人闲聊是子女的义务。老人由于深居简出，社会信息不灵，所以希望有人经常与他聊天、闲谈。

● 要与老人叙旧。老人不愿丢失人生的价值，昔日的生活、事业是他们值得珍藏的东西。过去，意味着自己的勇敢、幸运和智慧；过去，也是老人勇敢生活下去的一种动力。所以家人要多与父母回顾他们的往事以及当年父母培育自己成人的一些趣事。

● 不要嫌老人话多。因为年龄的关系，喋喋不休、好讲话、反复关照是老人的一个特点，也是行为迟钝的一种反应，正像老人的行动已不像以前干脆利落一样，讲话也容易唠唠叨叨，子女对老年父母的言行要多理解、有耐心。

● 不要嘲笑老人的"儿童行为"。有些人到了老年，情绪会变化无常，喜欢听赞扬的话，讲出话来也多少有点无知、天真。心理学家研究表明，人到老年，心理上表现出来的回归儿童的现象是正常的。这需要子女理解老人的这种返璞归真的心理，多观察、体贴他们，多为老人提供新的乐趣。

事实上只要常常回想一下父母给予我们的恩情，懂得感恩，完全可以做得到。有时候父母的恩情是无法用语言来形容的。那份恩情，是区区一支笔不能写尽的。

感恩，让幸福延伸

著名表演艺术家宋道风曾讲述过这样一件往事，记得在他上学时，家里并不宽裕。父亲还在异地工作，天还没亮，勤劳节俭的母亲就闻鸡鸣之声早起为他做饭，让他吃饱上学。日复一日，无论酷暑严寒，无论身体如何，从没间断，没有抱怨。每次看到他拿回家的奖状，母亲眼里便盛满幸福，满脸笑意。从母亲幸福的眼眸里他读懂了这就是孝顺，这就是感恩。于是，他更加努力了。

他非常信奉父亲的那句话：以"顺"为孝。顺着老人的意思，顺着老人的心思，让父母高兴，往往比买多少好东西都管用。老人们常说，不用你们买这买那，只要常回家看看，比啥都强。其实，老人不求别的，只是看到心中时刻惦记的儿女们都能平安，他们就心满意足了。所以，抽空常回家看看，哪怕是回去坐上一小会儿，看看他们精心侍弄的菜园，听听他们聊着家常，跟着他们一起看看电视，他们就会特别的高兴。

每逢周末假期，宋道风就会回到家里，一家人围坐在一个饭桌上，虽然他这么大了，但父母还是会把他爱吃的菜夹到他的碗里，他也会把他们爱吃的菜夹放到他们碗中，推来送去，老人笑得甜，吃得更香甜。此时，父母不光是脸上、眼睛里，就连皱纹里都是那么的高兴，那么的满足。

从这么一件简单的小事中，宋道风领悟到了人生的最大幸福，那就是，好好孝敬长辈，让他们开心快乐地生活；只有这样我们才会快乐，才能享受着幸福的生活。有一句话是他一直信服的，那就是：幸福，能在感恩中体味；感恩，可以让幸福延伸。

亲情与幸福贴得最近

孝顺的人通常也事业发达，生活美满，比如实干家魏川纯小时候，在外人眼里是个坏孩子，经常打架、骂人、说脏话，但就是对爷爷奶奶好。大家都知道他妈妈对婆婆并不好，就是这个孙子对这两个老人好，要报恩，因为从小是爷爷奶奶把他带大。后来他结了婚，在他的带动下，他妻子也对老人很好。夫妻俩一起行孝，虽然他妈妈对奶奶不孝，但他对妈妈也孝顺，经常看望母亲买这买那的，从来不心疼钱。因为这种性格，他朋友很多，虽然没文凭，但现在却是一家公司的老总，在南京有车有房，前些日子还带了一家人去日本旅游，他常跟员工说，他的事业之所以这么好，就是孝顺得来的。

　　而在这背后，其实是这样一个道理，因为中国人从古至今，最看重一个孝字，认为"孝"是衡量一个人是否忘恩负义、是否对他人厚道、是否能够与他人有福同享的一个标准。记得有一位伟人说过，他结交人就看那人是否对父母孝顺，如果对父母都不好，更不可能对朋友好了，怕多是奸佞之徒，天地也不喜欢。常言道上天有厚生之德，最喜欢人厚道孝顺了，这样的人即使身处绝境也会有天护佑的，以后能起死回生，发达幸福也就不奇怪了。

　　所以，还等什么呢？即使还不能给予父母物质上的东西，但也至少可以先做到常回家看看。孝顺不一定要有很多很多钱，它可以是冬日里捧在手心的那杯热茶，也可以是寒冬里披上的那件棉袄，可以是一块可口香甜的蛋糕，可以是父母落寞惆怅时的一声问候，也可以是父母生病时的一句抚慰……

　　父母是伟大的，拥有父母是幸福的，而感恩其实也是一种美妙的感觉，它是人们内心深处体味到的温暖和感动。正是因为有这种幸福的执着，我们才能在风雨兼程的路上前行，坚毅而执着。在人们复杂的情感中，亲情与幸福贴得最近、最紧密，血浓于水的特质，使拥有它的人有了让心灵驻扎的海港、情感决堤的出口。

16 哈佛"幸福课"，幸福的真谛是感恩

如果有人问，感恩和幸福有关系吗？那么，他最好去听听哈佛的"幸福课"。谁也不会想到，去年哈佛最受欢迎的选修课不是王牌课《经济学导论》，而是"幸福课"，听课人数多的教室都挤不下。而教这门课的是一位名不见经传的年轻讲师，名叫泰勒·本·沙哈尔。

在一周两次的"幸福课"上，本·沙哈尔没有大讲特讲怎么成功，而是深入浅出地教他的学生，如何更懂得感恩，从而更快乐、更充实、更幸福。

本·沙哈尔自称是一个害羞、内向的人。"在哈佛，我第一次教授感恩心理学课时，只有 8 个学生报名，其中，还有 2 人中途退课。第二次，我有近 400 名学生。到了第三次，当学生数目达到 850 人时，上课更多的是让我感到紧张和不安。特别是当学生的家长、爷爷奶奶和那些媒体的朋友们，开始出现在我课堂上的时候。"他说。

本·沙哈尔成了"哈佛红人"。校刊和《波士顿环球报》等多家媒体，报道了感恩心理学课在哈佛火暴的情景。

"幸福课"为何会在哈佛大受欢迎呢？是因为人们越来越富有，却还是不开心，不懂得适时感恩。

"我曾不快乐了 30 年。"本·沙哈尔这样说自己。他也是哈佛的毕业生,从本科读到博士。在哈佛,作为三名优秀生之一,他曾被派往剑桥进行交换学习。他还是个一流的运动员,在社团活动方面也很活跃。但这些并没有让他感到持久的幸福。他坦言,自己的内心并不快乐,也不知道如何去感恩。他说:"最初,引起我对感恩心理学兴趣的是我的经历。我开始意识到,内在的东西比外在的东西,对幸福感更重要。通过研究这门学科,我受益匪浅。我想把我所学的东西和别人一起分享,于是,我决定做一名教师。"

在本·沙哈尔第二次开设"幸福课"的 2004 年,哈佛校报上有一篇报道:《学校面临心理健康危机》,标题下的导语是——在过去的一年,绝大多数学生感到过沮丧和消沉,不知感恩生活。文章引述了一位学校舍区辅导员写给舍区主管的信——"我快覆没了。"这位辅导员写道。在他分管的舍区内,有 20 个学生出现了心理问题。一个学生因为严重焦虑而无法完成学期作业;另一个学生因为精神崩溃而错过三门考试……舍区主管把这封信转给了哈佛校长,并强调该舍区的问题并不是特例。

一位曾患严重焦虑和情绪紊乱的哈佛毕业生说,大多数哈佛学生还没意识到,即使那些表面看来很积极、很棒的学生,也很有可能正在被心理疾病折磨着,即使你是他最要好的朋友,也未必意识到他有心理问题。"在内心深处,我经常觉得自己会窒息或者死去。"这名学生说。她时常不明原由地哭泣,总要把自己关起来才能睡觉。她看过几个心理医生,试过 6 种药物,休学两个月,来应付自己的心理问题。"我是一个成绩优异的哈佛精神病患者。"她这样描述自己。

有个名叫玛丽亚的哈佛女生,在宿舍内自杀,年仅 19 岁。她的室友回忆说：就在她自杀的前一晚，玛丽亚和班里同学谈论天气时，还表现得十分开心的样子。"她看起来很好。她在听音乐，调子好像还很欢快。"

哈佛一项持续 6 个月的调查发现，学生正面临普遍的心理健康危机。调查称，过去的一年中，有 80% 的哈佛学生，至少有过一次感到非常沮丧、消沉。47% 的学生，至少有过一次因为太沮丧而无法正常做事，10% 的学生称他们曾经考虑过自杀……

"我们越来越富有，可为什么还是不开心呢？"这是令许多美国人深感困惑的问题。据统计，在美国，抑郁症的患病率，比起 20 世纪 60 年代高出 10 倍，抑郁症的发病年龄，也从 20 世纪 60 年代的 29.5 岁下降到今天的 14.5 岁。而许多国家，也正在步美国后尘。1957 年，英国有 52% 的人，表示自己感到非常幸福；而到了 2005 年，只剩下 36%。但在这段时间里，英国国民的平均收入却提高了 3 倍。

我们来到这个世上，到底追求什么才是最重要的？

本·沙哈尔坚定地认为：幸福感是衡量人生的唯一标准，是所有目标的最终目标。他说："人们衡量商业成就时，标准是钱。用钱去评估资产和债务、利润和亏损，所有与钱无关的都不会被考虑进去，金钱是最高的财富。但是我认为，人生与商业一样，也有赢利和亏损。"具体地说，在看待自己的生命时，可以把负面情绪当做支出，把正面情绪当做收入。当正面情绪多于负面情绪时，我们在幸福这一'至高财富'上就赢利了。长期的抑郁，可以被看成是一种'情感破产'。整个社会，也有可能面临这种问题，如果个体的问题不断增长，焦虑和压力的问题越来越多，社会就正在走向幸福的'大萧条'。"

一项有关"幸福"的研究表明，人的幸福感主要取决 3 个因素：

遗传基因、与幸福有关的环境因素以及是否采取相应的感恩行动。而感恩心理学，可以帮助人们活得更快乐、更充实。幸福，是可以通过学习和练习获得的。

本·沙哈尔说："我知道它是可行的，因为，它已深深地帮助了我。"我们的很多课，都在教学生如何更好地思考、更好地阅读、更好地写作，可是为什么就不该有人教学生更好地生活呢？把艰深的积极心理学学术成果简约化、实用化，教学生懂得自我帮助，这是本·沙哈尔开设"幸福课"的初衷。

幸福，应该是快乐与感恩的结合

让本·沙哈尔对幸福的理解发生根本转变的起因，是他早年的一次重要经历。

16 岁那年，在以色列长大的本·沙哈尔，获得了全国壁球赛的冠军。在长达 5 年的训练中，空虚感如影相伴，他一直觉得生命中缺少了什么。虽为此闷闷不乐，但他仍坚信：无论身体或心理都要坚强，才能最终取胜；而胜利，一定会带来充实感，也能让自己最终幸福。终于，本·沙哈尔如愿以偿，夺冠后的他欣喜若狂，和家人、朋友举行了隆重的庆贺。那时，他对自己的理念更加深信不疑——成功可以带来快乐，过去所受的种种苦痛，都是值得的。"可就在那天晚上，睡前我坐在床上，试着再回味一下无限的快感。可是突然间，那种胜利的感觉，那种梦想成真的喜悦，所有的快乐，都消失得无影无踪。我的内心忽然又变得很空虚，只有迷惘和恐惧。泪水涌出，不再是喜极而泣，而是伤心难过。在如此顺意的情况下，尚不能感到幸福的话，那我将到何处去寻找我人生的幸福？"本·沙哈尔说。

他极力让自己镇定，并告诉自己这只是暂时的神经过敏。但在接下来的日子里，他仍没有找回快乐；相反，内心的空虚感越来越重。慢慢地他发现：胜利，并没为他带来任何幸福，他所依赖的逻辑彻底被打破。“从那时起，我开始对一个问题非常着迷：如何才能得到真正的幸福？”本·沙哈尔注意观察周围的人，谁看起来幸福，他就向谁请教。他读有关幸福的书，从亚里士多德到孔子，从古代哲学到现代心理学，从学术研究到自助书籍，等等。最后他决定去大学主修哲学和心理学。

他的幸福观逐渐清晰起来：幸福，应该是快乐与感恩的结合。他说：“一个幸福的人，必须有一个明确的、可以带来快乐和意义的目标，然后努力地去追求。真正快乐的人，会在自己觉得有意义的生活方式里，享受它的点点滴滴。而最重要的是，你必须学会感恩，感激命运给你的馈赠。”以后，本·沙哈尔经过一系列的思考，最后总结出了4种人生模式，并且可以拿汉堡来讲述。

当年，为了准备重要赛事，除了苦练外，他须严格节制饮食。开赛前一个月，只能吃最瘦的肉类，全麦的碳水化合物，以及新鲜蔬菜和水果。他曾暗中发誓，一旦赛事完了，一定要大吃两天“垃圾食品”。比赛一结束，他干的第一件事，就是奔到自己喜爱的汉堡店，一口气买下4个汉堡。当他急不可待地撕开纸包，把汉堡放在嘴边的刹那，却停住了。因为他意识到，上个月，因为健康的饮食，自己体能充沛。如果享受了眼前汉堡的美味，很可能会后悔，并影响自己的健康。望着眼前的汉堡，他突然发现，它们每一种都有自己独特的风味，可以说，代表着4种不同的人生模式。

第一种汉堡，就是他最先抓起的那个，口味诱人，但却是标准的“垃圾食品”。吃它等于是享受眼前的快乐，但同时也埋下未来的痛苦。

用它比喻人生，就是及时享乐，出卖未来幸福的人生，即"享乐主义型"；

第二种汉堡，口味很差，里边全是蔬菜和有机食物，吃了可以使人日后更健康，但会吃得很痛苦。牺牲眼前的幸福，为的是追求未来的目标，他称之为"忙碌奔波型"；

第三种汉堡，是最糟糕的，既不美味，吃了还会影响日后的健康。与此相似的人，对生活丧失了希望和追求，既不享受眼前的事物，也不对未来抱期许，是"虚无主义型"；

会不会还有一种汉堡，又好吃，又健康呢？那就是第四种"感恩型"汉堡。一个懂得感恩的人，既能享受当下所做的事，又可以获得更美满的未来。

不幸的是，据本·沙哈尔观察，现实生活中的大部分人，都属于"忙碌奔波型"。

人们习惯性地去关注下一个目标，而常常忽略了眼前的事情。

苏拉的故事

本·沙哈尔经常讲"苏拉的故事"。在这个故事里，晃动着许多人熟悉的影子。

苏拉小时候是个无忧无虑的孩子。但自打上小学那天起，他忙碌奔波的人生就开始了。父母和老师总告诫他，上学的目的就是取得好成绩，这样长大后，才能找到好工作。没人告诉他学校可以是个获得快乐的地方，学习可以是件令人开心并且值得感恩的事情。因为害怕考试考不好，担心作文写错字，苏拉背负着焦虑和压力。他天天盼望的就是下课和放学。他的精神寄托就是每年的假期。

渐渐地,苏拉接受了大人的价值观。虽然他不喜欢学校,但还是努力学习。成绩好时,父母和老师都夸他,同学们也羡慕他。到高中时,苏拉已对此深信不疑:牺牲现在,是为了换取未来的幸福;没有痛苦,就不会有收获。当压力大到无法承受时,他安慰自己:一旦上了大学,一切就会变好。

收到大学录取通知书时,苏拉激动得落泪。他长长舒了一口气:现在,可以开心地生活了。但没过几天,那熟悉的焦虑又卷土重来。他担心在和大学同学的竞争中,自己不能取胜。如果不能打败他们,自己将来就找不到好工作。

大学四年,苏拉依旧奔忙着,极力为自己的履历表增光添彩。他成立学生社团、做义工,参加多种运动项目,小心翼翼地选修课程,但这一切完全不是出于兴趣,而是这些科目可以保证他获得好成绩。

大四那年,苏拉被一家著名的公司录用了。他又一次兴奋地告诉自己,这回终于可以享受生活了。可他很快就感觉到,这份每周需要工作84小时的高薪工作充满压力。他又说服自己:没关系,这样干,今后的职位才会更稳固,才能更快地升职。当然,他也有开心的时刻——在加薪、拿到奖金或升职时。但这些满足感很快就消退了。

经过多年的打拼,苏拉成了公司合伙人。他曾多么渴望这一天。可是,当这一天真的到来时,他却没觉得多快乐。苏拉拥有了豪宅、名牌跑车。他的存款一辈子都用不完。

他被身边的人认定为成功的典型。朋友拿他当偶像,来教育自己的小孩。可是苏拉呢,由于无法在盲目的追求中找到幸福,他干脆把注意力集中在了眼下,用酗酒、吸毒来麻痹自己。他尽可能延长假期,在阳光下的海滩一待就是几个钟头,享受着毫无目的的人生,再也不去担心明天的事。起初，他快活极了。但很快，他又感到了厌倦。

做"忙碌奔波型"的人并不快乐，做"享乐主义型"的人也不开心，因为找不到出路，苏拉决定向命运投降，听天由命。但他的孩子们怎么办呢？他该引导他们过怎样的一种人生呢？苏拉为此深感痛苦。

为什么当今社会有那么多"忙碌奔波型"的人呢？本·沙哈尔这样解释：因为人们常常被"幸福的假象"所蒙蔽。

我们所处的社会环境和文化背景是这样的：假如孩子成绩全优，家长就会给奖励；如果员工工作出色，老板就会发给奖金。人们习惯性地去关注下一个目标，而常常忽略了眼前的事情，最后，导致终生的盲目追求。然而一旦目标达成后，人们常把放松的心情解释为幸福。好像事情越难做，成功后的幸福感就越强。不可否认，这种解脱让我们感到真实的快乐，但它绝不等同于"幸福"，它只是"幸福的假象"。

这就好比一个人头痛好了之后，他会为头不痛而高兴，这是由于这种喜悦来自于痛苦的前因。"忙碌奔波型"的人，错误地认为成功就是幸福，坚信目标实现后的放松和解脱就是幸福。因此，他们不停地从一个目标奔向另一个目标。

在本·沙哈尔看来，寻找真正能让自己快乐而有意义的目标，并且为之感恩，才是获得幸福的关键。

在课堂上，本·沙哈尔不断地向听讲者发问：我们可以不停地追问"为什么"，来反思自己所追求的东西：可以是大房子、升职或任何其他的目标。看看要问多少个"为什么"，才能落到"幸福"的追求上？问问自己，我做的事情，对我有意义吗？它们给我带来了乐趣吗？我的内心是否鼓励我去做不同的尝试？是不是在提醒我，需要彻底改变目前的生活？

本·沙哈尔的哲学老师在他毕业时，给了他一点忠告："生命很短暂，在选择道路前，先确定自己能做的事。做那些你想做的；然后再细化，找出你真正想做的；最后，对于那些真正、真正想做的事，付诸行动。"

本·沙哈尔也这样教他的学生，告诉他们如何寻找能发挥自己优势和热情的工作。这个方法就是用以下 3 个关键问题，先来问问自己：（1）什么带给我意义？（2）什么带给我快乐？（3）我的优势是什么？并且要注意顺序。然后看一下答案，找出这其中的交集点，那个工作，就是最能使你感到幸福的工作了。

10 多年前，本·沙哈尔遇到过一个年轻人。他是一名律师，在纽约一家知名公司上班，并即将成为合伙人。坐在他的高级公寓里，中央公园的美景一览无余。年轻人非常努力地工作，一周至少干 60 个小时。早上，他挣扎着起床，把自己拖到办公室，与客户和同事的会议、法律报告与合约事项，占据了他的每一天。当本·沙哈尔问他，在一个理想世界里还想做什么时，这名律师说，最想去一家画廊工作。

"难道说，现实世界里找不到画廊的工作吗?"本·沙哈尔问道。年轻人说不是的。但如果在画廊工作，收入会少许多，生活水平也会下降。他虽对律师楼很反感，但觉得没其他选择。因为被一个不喜欢的工作所捆绑，所以他每天并不开心。在美国，有 50% 的人对自己的工作不甚满意。但本·沙哈尔认为，这些人之所以不开心，并不是因为他们别无选择，而是他们的决定让他们不开心。因为他们把物质与财富放在了快乐和意义之上。

"金钱和幸福，都是生存的必需品，并非互相排斥。"本·沙哈尔说。他进一步说，通常在越感兴趣的事情里，人就越能发挥自己的天赋，越能做得持久。人一旦有了热情，不但动机坚定，连做事效率也会提高。例如，一个热爱学习的学生，可以在学习中享受创造的愉悦，而这快乐的成果，还可以帮他取得好成绩，助其获得未来的幸福。在亲密关系中也一样，两个人共享着爱情的美好，并促进彼此的成长和发展。

许多研究表明，一个幸福的人，在生活的各个层面上都会很成功，包括婚姻、友谊、收入、工作表现以及健康。幸福与成功，存在强烈的相互作用，无论是工作上还是感情上的成功，可以带来幸福；而幸福本身，也能带来更多的成功。

本·沙哈尔总结出这样三种工作境界：赚钱谋生、事业、使命感。

如果只把工作当成任务和赚钱的手段，就没有任何的个人实现。这样每天去上班，只是必须去而不是想去，他所期盼的，除了薪水，就是节假日了；把工作当事业的人，除了注重财富的积累外，还会关注事业的发展，如权力和声望等。他们会关心下一个升职的机会，期望从副教授到终身教授、从教师到校长、从职员到主管、从编辑到总编辑。假如把工作当成使命，那工作本身就是目标了。薪水、职位固然重要，但他们工作，是因为他们想要做这份工作，动力源自内心。工作是一种恩典，而不是为人打工。他们对工作充满热情，在工作中自我实现，获得充实感。他们的目标，正是自我和谐的目标。

有一项研究，是针对医院清洁工的。一组人觉得自己的清洁工作很无聊，没有意义；但另一组人，觉得很有意义，做得很投入。他们与护士、病人以及家属交谈，想办法让医院员工、病人舒适。他们看待工作的角度更高，并在其中找到了意义：我不仅仅是个倒垃圾和洗衣服的人，正是我的工作让医院正常运转，帮助病人更快地康复，我感恩上帝给予我的这个角色。

就像第二组人，由于在日常工作中找到了使命感，因而从中也得到了更多的意义和快乐，他们与服务对象的关系，也不再是简单的金钱关系。有时候，人们并没有换工作或改变工作环境，他们所做的，只是赋予了工作本身更多的意义，从中发现乐趣，因而也提升了幸福感。

可以想象，一个因家长的压力而学法律的人，是无法在其中找到长久快乐的；相反，如果是基于对法律的热爱而成为律师的话，那他在维护公义的同时，也觉得很幸福。

"一个在工作中找到意义与快乐的投资家，一个出于正确动机的商人，绝对要比一个心不在焉的和尚高尚和有意义得多。"本·沙哈尔笃定地说。

不同的人，会在不同的事里找到意义。如创业、当义工、抚养子女、行医、甚至是做家具。重要的是，选择目标时，必须确定它符合自己的价值观、爱好，符合自己内心的愿望，而不是为了满足社会标准，或是迎合他人的期待。"真我的呼唤"，就是使命感。

"那真是神奇的时刻。"本·沙哈尔用一段话描述这种美妙的体验：

> 我甚至形成了一种迷信，世上确实有看不见的力量在帮我。只要你追随自己的天赋和内心，你就会发现，生命的轨迹原已存在，正期待你的光临，你所经历的，正是你应拥有的生活。当你能够感觉到自己正行走在命运的轨道上，你会发现，周围的人，开始源源不断地带给你新的机会。

"在追求有意义而又快乐的目标时，我们不再是消磨光阴，而是在让时间闪闪发光。"那么，是不是幸福就等于对一切都感恩，永远快乐呢？

一天，在哈佛的食堂，有个学生走到本·沙哈尔面前，问他：你就是那个教人如何快活的老师吧。学生接着又说：你要小心，我的室友选了你的课，如果哪天我发现你并不快乐，我就要告诉他，别再上你的课。本·沙哈尔看着这个学生，笑着道：没关系，我现在就可以告诉你，我也有不快乐的时刻，因为我们是人。"总有人问我，你能帮我消除痛苦吗？可是为什么要用这种态度来对待痛苦。痛苦，是我们的人生经验，会让我们从中学到很多。人生的成长和飞跃，经常发生在你觉得非常痛苦的时刻。"

漫漫人生，每个人都不可避免地会面临悲伤的时刻，比如经历失败或失去，但我们依然可以活得幸福。事实上，期盼无时无刻的快乐，只会带来失望和不满，并最终导致负面情绪的产生。一个幸福的人，也会有情绪上的起伏，但整体上，能保持一种积极的人生态度。他经常被积极的情绪推动着，如欢乐和爱；很少被愤怒或内疚这些负面情绪所控制。快乐是常态，而痛苦都是小插曲。

刚开始讲"幸福课"时，本·沙哈尔很想扮演一个无所不知、幽默的人，一个完美的导师，为此，他特地跑到喜剧演员培训班学习。但他不是那种能开激烈的玩笑、做夸张表演的人。无论怎么学，他也达不到想要的戏剧效果。想让自己当一个完美的老师，他发现这样不仅害了自己，也害了学生。"每次都很紧张，怕被发现面具下真实的样子，结果把自己搞得很累。这样不仅害了我自己，也伤害了学生，等于给学生树立了一个'完人'典型，告诉学生走一条永远走不通、错误的路。打开自己，坦露真实的人性，会唤起学生真实的人性。在学生面前做一个自然的人，反而会更受尊重。"他说

本·沙哈尔希望他的学生学会接受自己，不要忽略自己所拥有的独

特性；要摆脱"完美主义"，要"学会失败"。

为了更好地记住"幸福课"的要点，本·沙哈尔还为学生简化出10条小贴士：

（1）遵从你内心的热情。选择对你有意义并且能让你快乐的课，不要只是为了轻松地拿一个 A 而选课，或选你朋友上的课，或是别人认为你应该上的课。

（2）多和朋友们在一起。不要被日常工作缠身，亲密的人际关系是你幸福感的信号，最有可能为你带来幸福。

（3）学会失败。成功没有捷径，历史上有成就的人总是敢于行动，也会经常失败。不要让你对失败的恐惧绊住你尝试新事物的脚步。

（4）接受自己全然为人。失望、烦乱、悲伤是人性的一部分。接纳这些，并把它们当成自然之事，允许自己偶尔的失落和伤感。然后问问自己，能做些什么来让自己感觉好过一点。

（5）简化生活。更多并不总代表更好，好事多了，也不一定有利。你选了太多的课吗？参加了太多的活动吗？应求精而不在多。

（6）有规律地锻炼。体育运动是你生活中最重要的事情之一。每周只要3次，每次只要30分钟，就能大大改善你的身心健康。

（7）睡眠。虽然有时"熬通宵"是不可避免的，但每天7~9个小时的睡眠是一笔非常棒的投资。这样，在醒着的时候，你会更有效率、更有创造力，也会更开心。

（8）慷慨。现在，你的钱包里可能没有太多钱，你也没有太多时间。但这并不意味着你无法助人。"给予"和"接受"是一件事的两个面。当我们帮助别人时，我们也在帮助自己；当我们帮助自己时，也是在间接地帮助他人。

（9）勇敢。勇气并不是不恐惧，而是心怀恐惧，仍依然向前。

（10）表达感激。生活中，不要把你的家人、朋友、健康、教育等这一切当成理所当然的。它们都是你回味无穷的礼物。记录他人的点滴恩惠，始终保持感恩之心。每天或至少每周一次，请你把它们记下来。

"他教心理学，同其他心理学老师有很大的不同。他试图让你把这些理念应用到自己的生活中去。我从记'感恩簿'中收获最大，在那里，我每天写下我充满感激的事情。"这是一个学生发自内心的发言。

从这段话中可以看到，感恩与幸福是紧紧相连的，只有懂得感恩，才能拥抱幸福。

17 感恩，来自于对生活的爱与希望

一朵美丽的花，如果你不能以一种美好的心情去欣赏它，它在你的心中和眼里也永远娇艳妩媚不起来，而如你的心情一般灰暗和没有生机。只有心存感恩，我们才会把折磨放在背后，珍视他人的爱心，才会享受生活的美好，才会发现世界原本有太多的温情。只有拥有一颗感恩的心，你才能时时触摸幸福。

一位哲人说，世界上最大的悲剧和不幸就是一个人大言不惭地说："没人给过我任何东西。"因此，对生活常怀有一颗感恩之心的人，即使遇上再大的灾难，也能熬过去。

感恩，可以使我们浮躁的心态得以平静下来，也使我们能够从全新的角度来看待身边的事物。

懂得感恩的女人更美丽

集国务院前总理李鹏的女儿和中国电力国际发展公司首席执行官之名于一身的李小琳在中国电力市场被称为"一姐"，统领市值近百亿的中国电力，也是香港 H 股、红筹股上市公司中唯一的女性 CEO。

感恩，是李小琳平时用得最多的字眼。对此她有着自己的说法：

"常怀感恩之情，我们就会时刻有报恩之心，报祖国之恩、组织之恩、父母之恩、老师之恩、同志之恩、朋友之恩……"常怀感恩之心，就会将给予视为最大的快乐；就会内生一种定力，在纷繁复杂的社会生活中保持那种难得的"律己"。

她早已养成静坐禅修的习惯，在没有打扰的情况下，可以静坐上一个小时，甚至更长时间。"吾当一日而三省"，静思时，一天的所思所想、所作所为，无不撞击心头，让她警醒觉悟。

李小琳说："我能有今天的成果，要感谢很多人的恩惠。"一个懂得感恩的女人，无须言他，本身就是一种成功和美丽的理由。

人生中没有弯路

在人生的岔道口，若你选择了一条平坦的大道，你可能会有一个舒适而享乐的青春，但你就会失去一个很好的历练机会；若你选择了坎坷的小路，你的青春也许会充满痛苦，但人生的真谛也许就此被你打开。

在北海，有一个渔夫有着一流的捕鱼技术，被人们尊称为"渔王"。依靠捕鱼所得的钱，"渔王"积累了一大笔财富。然而，年老的"渔王"却一点也不快活，因为他三个儿子的捕鱼技术都极平庸。

于是他经常向人倾诉心中的苦恼："我真想不明白，我捕鱼的技术这么好，我的儿子们为什么这么差？我从他们懂事起就传授捕鱼技术给他们，从最基本的东西教起，告诉他们怎样织网最容易捕捉到鱼，怎样划船最不会惊动鱼，怎样下网最容易请鱼入瓮。他们长大了，我又教他们怎样识潮汐，辨鱼汛……凡是我多年辛辛苦苦总结出来的经验，我都毫无保留地传授给他们，可他们的捕鱼技术竟然赶不上技术比我差的其他渔民的儿子！"

一位路人听了他的诉说后，问："你一直手把手地教他们吗?"

"是的，为了让他们学会一流的捕鱼技术，我教得很仔细、很耐心。"

"他们一直跟随着你吗?"

"是的，为了让他们少走弯路，我一直让他们跟着我学。"

路人说："这样说来，你的错误就很明显了。你只是传授给了他们技术，却没有传授给他们教训，对于才能来说，没有教训与没有经验一样，都不能使人成大器。"

人生其实没有弯路，每一步都是必需的。所谓失败、挫折并不可怕，正是它们才教会我们如何寻找到经验与教训。如果一路都是坦途，那只能像渔夫的儿子那样，沦为平庸。

没有经历过风霜雨雪的花朵，无论如何也结不出丰硕的果实。或许我们习惯羡慕他人的成功，听到他得到的掌声，但是别忘了，温室的花朵注定要失败。正所谓"台上十分钟，台下十年功"，在他们光荣的背后一定有汗水与泪水共同浇铸的艰辛。很多事情当我们回过头来再去看的时候，就会发现，历经折磨以后，生命的花朵反而更娇艳动人。

只有历经折磨，才能够历练出成熟与美丽，抹平岁月给予我们的皱纹，让心保持年轻和平静，让我们得到成长和成功。所以，每一个勇于追求幸福的人，每一个有一点眼光和思想的人，都会感谢折磨自己的人，唯有以这种态度面对人生，我们的生活才会洋溢着更多的欢笑和阳光，世界在我们眼里才会更加美丽动人。

"人性" 的面试

史蒂文斯曾经是一名在软件公司干了 8 年的程序员，正当他工作得心应手时，公司却倒闭了，他的第三个儿子刚刚降生，作为丈夫和父亲，他不得不为生计重新找工作。一个月过去了，他屡屡碰壁。

这时，一家软件公司招聘程序员，待遇相当不错，史蒂文斯信心十足地去应聘。凭着过硬的专业知识，他轻松过了笔试关，对两天后的面试，史蒂文斯也充满信心。然而，面试时考官的问题却是关于软件未来发展方向方面的，这点他从来没有考虑过，故遭淘汰。

史蒂文斯觉得这家公司对软件产业的理解，令他耳目一新，深受启发，于是他给公司写了一封感谢信。"贵公司花费人力、物力，为我提供笔试、面试机会，虽然落聘，但通过应聘使我大长见识，获益匪浅。感谢你们为之付出的劳动，谢谢!"这封信后来被送到总裁手中。3个月后，这家公司出现职位空缺，史蒂文斯收到了录用通知书。

这家公司就是美国微软公司。十几年后，凭着出色业绩，史蒂文斯成了微软公司的副总裁。

有关专家表示，许多知名企业在招聘大学毕业生时，看重的并不是成绩单上的分数，而是他们处理问题的方式和融入企业的速度，换句话说，就是能否怀着一颗感恩的心去做人、做事。感恩是积极向上的思考和谦卑的态度，它是自发性的行为。当一个人懂得感恩时，便会将感恩化作一种充满爱意的行动，实践于生活中。

正如一位伟人曾经说过的："当鞋合脚时，脚便被忘却了。"人之所以痛苦的根源在于，人在心灵上难以满足，对生命有太多的不满和抱怨，唯独不懂得用感激沐浴心灵，快乐也因此与他们无缘。

面对人生中各种各样的不顺心事，你要保持感恩的态度，因为唯有折磨才能使你不断地成长。法国启蒙思想家伏尔泰说，"人生布满了荆棘，我们晓得的唯一办法是从那些荆棘上面迅速踏过。"人生是不平坦的，但同时也说明生命正需要磨炼。"燧石受到的敲打越厉害，发出的光就越灿烂。"正是这种敲打才使它发出光来，因此，燧石需要感谢那些敲打。人也一样，感谢折磨你的人，你就是在感恩命运。

对工作的感恩

美国独立企业联盟主席杰克·弗雷斯从 13 岁起就开始在他父母的加油站工作。弗雷斯想学修车，但他父亲让他在前台接待顾客。当有汽车开进来时，弗雷斯必须在车子停稳前就站到司机门前，然后去检查油量、蓄电池、传动带、胶皮管和水箱。

弗雷斯注意到，如果他干得好的话，顾客大多还会再来。于是弗雷斯总是多干一些，帮助顾客擦去车身、挡风玻璃和车灯上的污渍。有一段时间，每周都有一位老太太开着她的车来清洗和打蜡。这个车的车内踏板凹陷得很深很难打扫，而且这位老太太极难打交道。每次当弗雷斯给她把车清洗好后，她都要再仔细检查一遍，让弗雷斯重新打扫，直到清除掉每一缕棉绒和灰尘，她才满意。

终于有一次，弗雷斯忍无可忍，不愿意再侍候她了。他的父亲告诫他说："孩子，记住，这就是你的工作！不管顾客说什么或做什么，你都要记住做好你的工作，并以应有的礼貌去对待顾客。"

父亲的话让弗雷斯深受震动，许多年以后他仍不能忘记。弗雷斯说："正是在加油站的工作使我学到了严格的职业道德和应该如何对待顾客，这些东西在我以后的职业生涯中起到了非常重要的作用。"

对于个人来说，感恩是富裕的人生。它是一种深刻的感受，能够增强个人的魅力，开启神奇的力量之门，发掘出无穷的智能。感恩也像其他受人欢迎的特质一样，是一种习惯和态度。

感恩和慈悲是近亲。时常怀有感恩的心情，你会变得更谦和、可敬且高尚。每天都用几分钟时间，为自己能有幸成为公司的一员而感恩，为自己能遇到这样一位老板而感恩。所有的事情都是相对的，不论你遭遇到多么恶劣的情况。会感恩的人，为人处世是主动积极、乐观进取、敬业乐群的，未来前途是不可限量的。

感恩不是简单的报恩，它是一种责任、自立、自尊和追求一种阳光人生的精神境界！感恩是一种处世哲学，感恩是一种生活智慧，感恩更是学会做人、成就阳光人生的支点。

18 感恩就像大海，容纳一切河流

《晓冷集》是一部讲述人生哲理的书，里面关于感恩有一句经典的话，那就是：感恩即豁达。人生总是不能尽如人意的，当我们生活在灿烂的阳光下，面对现实也会有阴暗的角落；当我们飞翔在和风日丽的天空，也会有乌云飘来的时候；当我们航行在浩瀚大海，也会随时面临狂风恶浪的挑战；当我们奔驰在广阔的大地，也会遇到高山大河的阻挡。这时候，唯有保持一种乐观的心态才能将平凡的生活过得生机勃勃，将沉重的生活变得轻松而活跃。曾经的痛苦也会在豁达的生活态度中变得美丽甘甜，成为回忆中最富有色彩的绚烂篇章。

在生活中，很多女人缺少生活的历练，却对生活要求太高，任何事情都想要一个结果：朋友为什么会给自己"穿小鞋"？男友在外面交了些什么朋友？上司对某女同事为什么比自己好？但生活中的是是非非很多，我们无法对每件事都做一个清楚的交代。

这些看似聪明的女人其实都很愚蠢。她们总被生活牵着走，为了一点小事，就会歇斯底里，这种女人就会老得很快。如果能够"糊涂"一些，女人就会远离很多烦恼，活得更加快乐，不会被生活的琐碎吹皱脸上的纹理。

成功婚姻的秘诀

某家政学校的最后一门课是《婚姻与经营和创意》，主讲老师是学校特地聘请的一位研究婚姻问题的教授。他走进教室，把随手携带的一叠图表挂在黑板上，然后，他掀开挂图，上面用毛笔写着一行字：

婚姻的成功取决于两点：一是找个好人；二是自己做一个好人。

"就这么简单，至于其他的秘诀，我认为如果不是江湖偏方，也至少是些老生常谈。"教授说。

这时台下嗡嗡作响，因为下面有许多学生是已婚人士。不一会儿，终于有一位 30 多岁的女子站了起来，说："如果这两条没有做到呢？"

教授翻开挂图的第二张，说："那就变成 4 条了。"

第一，容忍、帮助，帮助不好仍然容忍。

第二，使容忍变成一种习惯。

第三，在习惯中养成傻瓜的品性。

第四，做傻瓜，并永远做下去。

教授还未把这 4 条念完，台下就喧哗起来，有的说不行，有的说这根本做不到。等大家静下来，教授说："如果这 4 条做不到，你又想有一个稳固的婚姻，那你就得做到以下 16 条。"

接着教授翻开第三张挂图。

第一，不同时发脾气。

第二，除非有紧急事件，否则不要大声吼叫。

第三，争执时，让对方赢。

······

教授念完，有些人笑了，有些人则叹起气来。教授听了一会儿，说："如果大家对这 16 条感到失望的话，那你只有做好下面的 256 条了，总之，两个人相处的理论是一个几何级数理论，它总是在前面那个数字的基础上进行二次方。"

接着教授翻开挂图的第四页，这一页已不再是用毛笔书写，而是用钢笔，256 条，密密麻麻。教授说："婚姻到这一地步就已经很危险了。"这时台下响起了更强烈的喧哗声。

生活原本就是简单的，是我们自己太过计较了，所以变得越来越复杂。太过计较的人总是追着幸福跑，用尽全力也抓不住飘忽不定、转瞬即逝的幸福。每跨出一步，前面意味着什么，得到什么或失去什么，人未动心已远，何止一个"累"字了得。

不要太过计较，糊涂一番又何妨？感恩我们的所有，豁达面对婚姻和人生。只有想得开、放得下、朝前看，才有可能从琐事的纠缠中超脱出来。假如对生活中发生的每件事都寻根究底，去问一个为什么，那实在既无好处，又无必要，而且破坏了生活的诗意。

"美丽的琥珀色"

画家列宾和他的朋友在雪后去散步，他的朋友瞥见路边有一片污渍，显然是狗留下来的尿迹，就顺便用靴尖挑起雪和泥土把它覆盖了，没想到列宾发现时却生气了，他说："几天来我总是到这来欣赏这一片美丽的琥珀色。在我们生活中，当我们老是埋怨别人给我们带来不快或抱怨生活不如意时，想想那片狗留下的尿迹，其实，它是'污渍'，还是'一片美丽的琥珀色'，都取决于你自己的心态。"

不要抱怨你的专业不好，不要抱怨你的学校不好，不要抱怨你住在破宿舍里，不要抱怨你的男人穷或你的女人丑，不要抱怨你没有一个好爸爸，不要抱怨你的工作差、工资少，不要抱怨你空怀一身绝技没人赏识你，现实有太多的不如意，就算生活给你的是垃圾，你同样应该怀抱感恩，把垃圾踩在脚底下，登上世界之巅。

拒绝抱怨，接受感恩

孔雀向王后朱诺抱怨。她说："王后陛下，我不是无理取闹来诉说，您赐给我的歌喉，没有任何人喜欢听，可您看那黄莺小精灵，唱出的歌声婉转，它独占春光，风头出尽。"

朱诺听到如此言语，严厉地批评道："你赶紧住嘴，嫉妒的鸟儿，你看你脖子四周，如一条七彩丝带。当你行走时，舒展的华丽羽毛，出现在人们面前，就好像色彩斑斓的珠宝。你是如此美丽，你难道好意思去嫉妒黄莺的歌声吗？和你相比，这世界上没有任何一种鸟能像你这样受到别人的喜爱。一种动物不可能具备世界上所有动物的优点。我们赐给大家不同的天赋，有的天生长得高大威猛；有的如鹰一样的勇敢，如鹊一样的敏捷；乌鸦则可以预告未来之声。大家彼此相融，各司其职。所以我奉劝你去除抱怨，不然的话，作为惩罚，你将失去你美丽的羽毛。"

抱怨的人不见得不善良，但常不受欢迎。抱怨的人认为自己经历了世上最大的不平。但他忘记了听他抱怨的人也可能同样经历了这些，只是前者抱有感恩的心态，从而感受不同。

宽容地讲，抱怨实属人之常情。然而抱怨之所以不可取在于：抱怨等于往自己的鞋里倒水，只会使以后的路更难走。抱怨的人在抱怨之后不仅让别人感到难过，自己的心情也往往更糟，心头的怨气不但没有减少，反而更多了。

常言道：放下就是快乐。与其抱怨，不如将其放下，用超然豁达的心态去面对一切，这样迎来的将是另一番新的景象。天下有很多东西是毫无价值的。抱怨就是其中一种，所以，我们要学会拒绝抱怨，接受感恩。

那么，爱情也需要感恩吗？人们常说，恋爱中的人们，智商趋近于零，特别是热恋中的人。恋人中最为常见的两种表现是嫉妒和猜忌过重，这两种心态，不仅影响爱情的顺利发展，同时也关涉到个人形象问题，它直接损害一个人的自我形象，是有损于爱情生活的。因此，每一个爱恋中的人，都要警惕这两只咬噬爱情之树的蛀虫。

拿破仑三世与尤琴

一百多年前，拿破仑三世，即巨人拿破仑的侄子，爱上了全世界最美丽的女人——特巴女伯爵玛利亚·尤琴，并且和她结了婚。

他们拥有财富、健康、权力、名声、爱情、尊敬。他的爱情从未像这一次燃烧得这么旺盛、狂热。

不过，这样的圣火很快就变得摇曳不定，热度也冷却了——只剩下了余烬。拿破仑三世可以使尤琴成为一位皇后，但不论是他爱的力量也好，帝王的权力也好，都无法阻止这位法西兰女人的猜疑和嫉妒。

由于她具有强烈的嫉妒心理，竟然藐视他的命令，甚至不给他一点私人的时间。当他处理国家大事的时候，她竟然冲入他的办公室里；当他讨论最重要的事务时，她却干扰不休。她不让他单独一个人坐在办公室里，总是担心他会跟其他的女人亲热。

她常常跑到她姐姐那里，数落她丈夫的不好。她会不顾一切地冲进他的书房，不停地大声辱骂他。拿破仑三世虽然身为法国皇帝，拥有十几处华丽的皇宫，却找不到一个安静的地方。

尤琴这么做，能够得到些什么？

莱哈特的巨著《拿破仑三世与尤琴：一个帝国的悲喜剧》中这样写道，"于是，拿破仑三世常常在夜间，从一处小侧门溜出去，头上的软帽盖着眼睛，在他的一位亲信陪同之下，真的去找一位等待着他的美丽女人，再不然就出去看看巴黎这个古城，放松一下自己经常受压抑的心情。"

的确，尤琴是坐在法国皇后的宝座上，也是世界上最美丽的女人。但在猜疑和嫉妒的毒害之下，她失去了感恩的神圣和美丽，她的尊贵和漂亮，并不能保持住她那甜蜜的爱情。

其实，每个人都是一个独立的个体，虽然他有可能通过这样或那样的关系和你产生联系，但是你不能因为你是他的什么人而限制了他的行动，禁锢了他的自由。信任是爱情的前提，两个人在一起，如果每天都在猜疑对方做什么，是不是做了对不起自己的事情，这样的爱情终归会变成人生的包袱，失去了原来的乐趣。

所以，即使人生旅途上处处有死角，我们也要用感恩的心来懂得转弯。

15 个小时的领悟

1945 年 3 月，罗勒·摩尔和其他 87 位军人在贝雅 S·S318 号潜艇上。当时雷达发现有一艘驱逐舰队正往他们的方向开来，于是他们就向其中的一艘驱逐舰发射了三枚鱼雷，但都没有击中。这艘舰也没有发现他们。但当他们准备攻击另一艘布雷舰的时候，它突然掉头向潜艇开来，可能是一架日本飞机看见了这艘 18 米深的潜艇，用无线电告诉这艘布雷舰。

他们立刻潜到了 45 米深的地方，以免被日方探测到，同时也准备应付深水炸弹。他们在所有的船盖上多加了几层栓子。3 分钟之后，突然天崩地裂。6 枚深水炸弹在他们的四周爆炸，他们直往水底——深达 276 米的地方，他们都吓坏了。

按常识，如果潜水艇在不到 150 米深的地方受到攻击，深水炸弹在离它 5 米之内爆炸的话，差不多是在劫难逃。罗勒·摩尔吓得不敢呼吸，他在想：这回完蛋了。在电扇和空调系统关闭之后，潜艇的温度升到近 40 度，但摩尔却全身发冷，牙齿打战，身冒冷汗。15 个小时之后，攻击停止了，显然那艘布雷舰的炸弹用光以后就离开了。

这 15 个小时的攻击，对摩尔来说，就像有 1500 年。他过去所有的生活都一一浮现在眼前，他想到了以前所干的坏事，所有他曾担心过的一些很无聊的小事。他曾经为工作时间长、薪水太少、没有多少机会升迁而发愁；他也曾经为没有办法买自己的房子、没有钱买部新车子、没有钱给妻子买好衣服而忧虑；他非常讨厌自己的老板，因为这位老板常给他制造麻烦；他还记得每晚回家的时候，自己总感到非常疲倦和难过，常常跟自己的妻子为一点小事吵架；他也曾为自己额头上的一块小疤而发愁。

摩尔说："多年以来，那些令人发愁的事看来都是大事，可是在深水炸弹威胁着要把他送上西天的时候，这些事情又是多么的荒唐、渺小。"就在那时候，他向自己发誓，如果他还有机会见到太阳和星星的话，就永远永远不会再忧虑。在潜艇里那可怕的 15 个小时，对于生活所学到的，比他在大学读了 4 年书所学到的要多得多。

我们可以相信一句话：要解决一切困难是一个美丽的梦想，但任何一个困难都是可以解决的，矛盾和痛苦总是在与那些处在痛苦中的人玩游戏。转换看问题的视角，就是不能用一种方式去看所有的问题和问题的所有方面。如果那样，你肯定会钻进一条死胡同，处在混乱的矛盾中而不能自拔。

活着是需要感恩的、睿智的。如果你不够睿智，那至少可以豁达。以乐观、豁达、感恩的心态看问题，就会看出事物美好的一面；以悲观、狭隘、苛刻的心态去看问题，你会觉得世界一片灰暗。两个被关在同一间牢房里的人，透过铁窗看外面的世界，一个心怀感恩，看到的是美丽神秘的星空，一个抱怨人生，看到的是地上的垃圾和烂泥，这就是区别。

19 感恩的另一种形式：包容

哲学家亚里士多德曾在雅典吕克昂学院从事教学研究，著述期间，常与学生们一道探讨人生的真谛。有一次，一位学生问他："先生，请告诉我，为什么心怀嫉妒的人总是心情沮丧呢？"亚里士多德回答："因为折磨他的不仅有他自身的挫折，还有别人的成功。"可见，心怀嫉妒的人受着双重折磨。所以，人生在世，一定要有一颗平和感恩的心，切不可心怀嫉妒。

当代学者、作家余秋雨在《关于嫉妒》中写道：很多年前读雨果夫人关于法国大革命前后巴黎社会心理的回忆，感触很深，那也是一个破旧立新的奇异时期，什么怪事都会发生。

嫉妒者的改变

仅仅为了雨果那部并不太重要的戏剧作品《欧那尼》，法国文坛一切不愿意看到民众向雨果欢呼、更不愿意自己在新兴文学前失去身份的人们全都联合起来了，好几家报刊每期都在嘲讽雨果欠缺学问、违反常识、背离古典、刻意媚俗，在嘲讽的同时又散布大量谣言，编造种种事端。有的评论家预测了作品的惨败，有的权威则发誓绝不去观看演出。

待到首演那天，这些人抵挡不住心痒还是去了，坐在观众席里假装只想看报纸不想看舞台，但又不时地发出笑声、嘘声来捣乱，也算是与雨果打擂台。

对嫉妒来说，人们对它的无视，比人们对它的争辩更加致命。尽管当时也有一些人为了对雨果的评价发生了决斗，但对嫉妒者最残酷的景象是：广大民众似乎完全没有把他们的诽谤放在眼里，《欧那尼》长久火暴，直到因女主角累病而停演。

更有趣的是，八年后，《欧那尼》复演，全场已是一片神圣的安静。散场后雨果夫人在人群中听到一段对话，首先开口的那一位显然是八年前的嫉妒者，他说："这不奇怪，雨果先生把他的剧本全改了。"他身边的一位先生告诉他："不，剧本一字未改。被雨果先生改了的，不是剧本，是观众。"

这就是说，当年激烈的嫉妒者在不知不觉中被雨果同化了。同化的结果是他们分享了喜悦，因为他们通过包容滋润了自己的心灵，开始能够对世界的美好感恩，而非诽谤。

莎士比亚在《奥赛罗》中说："嫉妒是绿眼妖魔，谁做了它的俘虏，谁就要受到它的愚弄。"生活中，一些人之所以从不感恩，甚至嫉妒别人，一个重要的原因是自己不求上进，又怕别人超过自己，似乎别人成功了就意味着自己失败，最好大家都变成矮子才显出自己高大。于是，"事修而谤兴，德高而毁来"；"怠者不能修，而忌者畏人修"；"我不学好，你也别学好，我当穷光蛋，你也得喝凉水"。这是一种十分有害的腐蚀剂，于人于己，都是没有益处的。

我们要学会适时降伏"嫉妒魔"，保持一颗清凉心。别人有所成就，我们不要心存嫉妒，应该要平静地看待别人所取得的成功，并且感恩自己的拥有，这是拥有幸福人生的秘诀。否则，只会让自己在别人成功的喜悦中沮丧、气愤，甚至加害于别人，而最终丢失掉一些宝贵的东西。

叔本华说，"没有感恩就没有宽容，没有宽容就没有友谊，没有善待就没有朋友。"感恩、宽容和理解都是一种力量，是朋友之间的桥梁和阳光。

生命的宽恕

在第二次世界大战期间，一支部队在森林中与敌军相遇，发生激战。最后两名来自同一个小镇的战士与部队失去了联系。两人在森林中艰难跋涉，互相鼓励、安慰。半个月过去了，他们仍未与部队联系上，幸运的是，他们打死了一只鹿，依靠吃鹿肉又可以艰难度过几日了。然而，这以后他们再也没看到任何动物。仅剩下的一些鹿肉，背在年轻战士的身上。

这一天他们在森林中遇到了敌人，经过再一次激战，两人巧妙地避开了敌人。就在他们自以为已安全时，只听到一声枪响，走在前面的年轻战士中了一枪，幸亏在肩膀上。后面的战友惶恐地跑了过来，他害怕得语无伦次，抱起战友的身体泪流不止，赶忙把自己的衬衣撕下包扎战友的伤口。

到了晚上，未受伤的战士一直念叨着母亲，两眼直勾勾地。两人都以为他们的生命即将结束，身边的鹿肉谁也没动。天亮后，部队救出了他们。

30年过去了，那位受伤的战士说："我知道谁开的那一枪，他就是我的战友。他去年去世了。在他抱住我时，我碰到了他发热的枪管，但当晚我就宽恕了他。我知道他想独吞我身上带的鹿肉活下来，但我也知道他活下来是为了他的母亲。30 年了，我装着根本不知道此事，也从不提及。战争太残酷了，他母亲还是没有等到他回来，我和他一起祭奠了老人家。他跪下来，请求我原谅他，我没让他说下去。我们又做了二十几年的朋友，我没有理由不宽恕他。"

生活中，确实存在一些无可避免的矛盾和困难，比如物价上涨、住房拥挤、人际关系紧张，还有这个"难"、那个"难"，真让人有点儿喘不过气来。诅咒、谩骂、生闷气都无济于事，倒给疲惫的身躯又增添了几分新的负担。

只要冷静观察，就会发现，人们的生活本来就是苦、辣、酸、甜、咸五味俱全。在生活中，看不惯的很多，理解不了的很多，失望的也很多。但人的能力毕竟是有限的，愤世嫉俗不会改变事态的发展，不会使关系缓和。

所以，我们要学会让自己保持一种恬淡、安静的心态，去做自己应该做的事情。整日为一些闲言碎语、磕磕碰碰的事情郁闷、恼火、生气，总去找人诉说，与对方辩解，甚至总想变本加厉地去报复，这将会贻误自己的事业，失去更多美好的东西。

要想在这个社会中活得舒心、自在一些，就必须收敛自己的锋芒，感恩社会带给我们的一切，抛开好胜和计较的狭窄心胸，对于世事和人都多一些豁达大度，笑对人生。有时一个微笑、一句幽默就能化解人与人之间的怨恨和矛盾，填平感情的沟壑。

生活中，我们常常看到一些人才貌双全，拥有让人羡慕的家境和学历，但他们却不快乐。无论物质的给予是多么的丰厚，他们都不会感到满足和幸福。不幸福的人，总是容易被时间催老，淡忘生活的意义。

其实，幸福是一种感觉，虽然有外在的因素，但更多地取决于自己的内心。真正的幸福在于包容和拥有一颗感恩的心。

震惊世界的曼德拉

曼德拉因为领导反对白人种族隔离的政策而入狱，白人统治者把他关在荒凉的大西洋小岛罗本岛上27年。当时曼德拉年事已高，但白人统治者依然像对待年轻犯人一样对他进行残酷的虐待。

罗本岛上布满岩石，到处是海豹、蛇和其他动物。曼德拉被关在总集中营一个"锌皮房"，白天打石头，将采石场的大石块碎成石料。他有时要下到冰冷的海水里捞海带，有时干采石灰的活儿——每天早晨排队到采石场，然后被解开脚镣，在一个很大的石灰石场里，用尖镐和铁锹挖石灰石。因为曼德拉是要犯，看管他的看守就有3人。他们对他并不友好，总是寻找各种理由虐待他。

谁也没有想到，1991年曼德拉出狱当选总统以后，他在就职典礼上的一个举动震惊了整个世界。

总统就职仪式开始后，曼德拉起身致辞，欢迎来宾。他依次介绍了来自世界各国的政要，然后他说，能接待这么多尊贵的客人，他深感荣幸，但他最高兴的是，当初在罗本岛监狱看守他的3名狱警也能到场。随即他邀请他们起身，并把他们介绍给大家。

曼德拉的博大胸襟和宽容精神，令那些残酷虐待了他27年的白人汗颜，也让所有到场的人肃然起敬。看着年迈的曼德拉缓缓站起，恭敬地向3个曾关押他的看守致敬，在场的所有来宾以至整个世界，都静了下来。

后来，曼德拉向朋友们解释说，自己年轻时性子很急，脾气暴躁，正是狱中生活使他学会了控制情绪，因此才活了下来。牢狱岁月给了他时间与激励，也使他学会了如何处理自己遭遇的痛苦。他说，感恩与宽容常常源自痛苦与磨难，必须通过极强的毅力来训练。

获释当天，他的心情平静："当我迈过通往自由的监狱大门时，我已经清楚，自己若不能把悲痛与怨恨留在身后，那么我其实仍在狱中。"

在日常生活中，常有父母抱怨孩子们不听话，孩子们抱怨父母不理解她们，男朋友抱怨女朋友不够温柔，女孩子抱怨男孩子不够体贴；在工作中，也常出现领导埋怨下级工作不得力，而下级埋怨上级不够理解，不能发挥自己的才能。总之，对生活永远是一种抱怨，而不是一种感激。他们只是在意自己没有得到什么好处，却忘了感恩别人所付出的。

如果一个人不能够经受世界的考验，感恩这个世界的美好，心胸只能容得下私利，那他就得不到幸福。父母的养育、师长的教诲、配偶的关爱、他人的服务、大自然的慷慨赐予……你从出生那天起，便沉浸在恩惠的海洋里。只有你真正明白了这些，你才会感恩大自然的福佑，感恩父母的养育，感恩社会的安定，感恩食之香甜、衣之温暖……就连对自己的敌人，也不忘感恩，因为真正促使自己成功，使自己变得机智勇敢、豁达大度的，不是顺境，而是那些常常可以置自己于死地的打击、挫折和对立面。

也许你曾经遭受过别人对你的恶意诽谤或者是致命的伤害，这些伤痛在你的心底一直没有得到抚平，你可能至今还在怨恨他、不能原谅他。其实，怨恨是一种被动和侵袭性的东西，它像一个不断长大的肿瘤，使我们失去欢笑，损害我们的健康。怨恨，更多地伤害了怨恨者自己，而不是被仇恨的人。

生活中，我们要学会感恩，更要学会宽容。宽容是心与心的交融，无语胜有声，宽容是仁人的虔诚，是智者的宁静，正因为深邃的天空容忍了雷电风暴一时的肆虐，才有风和日丽、辽阔的大海容纳了惊涛骇浪一时的猖獗，才有浩渺无限。

禅师与小偷

一位住在山中茅屋修行的禅师，有一天趁夜色到林中散步，在皎洁的月光下，突然开悟。他喜悦地走回住处，眼见到自己的茅屋遭小偷光顾。找不到任何财物的小偷要离开的时候在门口遇见了禅师。原来，禅师怕惊动小偷，一直站在门口等待。他知道小偷一定找不到任何值钱的东西，早就把自己的外衣脱掉拿在手上。

小偷遇见禅师，正感到惊愕的时候，禅师说："你走老远的山路来探望我，总不能让你空手而回呀！夜凉了，你带着这件衣服走吧！"

说着，就把衣服披在小偷身上，小偷不知所措，低着头溜走了。

禅师看着小偷的背影穿过明亮的月光消失在山林之中，不禁感慨地说："可怜的人呀！但愿我能送一轮明月给他。"

禅师目送小偷走了以后，回到茅屋赤身打坐，他看着窗外的明月，进入空境。

第二天，他在极深的禅室里睁开眼睛，看到他披在小偷身上的外衣被整齐地叠好，放在门口。禅师非常高兴，喃喃地说："我终于送了他一轮明月！"面对偷窃的盗贼，禅师既没有责骂，也没有告官，而是以宽容的心胸原谅了他，禅师的宽容和原谅也终于换得了小偷的醒悟。而小偷也通过感恩禅师的行为，获得了新生。

　　宽容是一种大度，是一种豁达；宽容能够容纳万物，宽容能够包含天地。心旷为福之门，心狭为祸之根。心胸坦荡，不以世俗荣辱为念，不为世俗荣辱所累，就活得轻松、潇洒、磊落。

　　当你被痛苦折磨得筋疲力尽时，不妨学着宽恕，学着感恩，忘记怨恨，沉浸在痛苦的回忆中是徒劳的。与其咒骂黑暗，不如在黑暗中燃起一支明烛。忘记怨恨能让你告别过去的灰暗情绪，重新变得积极乐观起来。

20 珍惜时间：人生有限，感恩无限

中国台湾著名的漫画家几米创作过一幅非常唯美的漫画，名为《有效期限》，漫画的内容是这样的：中央是一片浅绿色的水波，水的上方画着一些开满了紫色花朵的长藤，中间偏下有两块大石头，大石头上坐着一大一小两个人，小石头上蹲着一只看样子很好奇的小青蛙。画的左下方一只小纸船正悄无声息地漂过来，水中倒映着它朦胧、微小的影子。整个画面既清淡宁静，又显得无助和伤感。画的旁边有这样一小段文字：一艘小纸船，悠悠地漂过来，吸饱水分，渐渐沉没。世界上所有的美好，都有有效期限。看了这样的图画和文字，你会想到什么呢？

"世界上所有的美好，都有有效期限"——这句话充满了智慧和哲理。在这一章中，我们不去说如何具体地做一件感恩的事，而是要谈谈感恩的"有效期限"。任何事都有有效期限，只有对时间有一种紧迫感，有一种"时不我待"的压力和认识，才能更快、更好、更努力地去做感恩的事。时间是抓不住的，也不会为谁停留。人生不管多么漫长都有结束的时候，就像那只小纸船总要沉没一样。感恩也是有"有效期限"的，我们在前面提到不要等长大以后再感恩，早永远比晚快乐，在这本书即将结束时又"旧事重提"，就是因为这个认知太重要了，不

仅对感恩，对我们整个的生命过程都有重要的意义。父母可以陪伴我们的前半生，可以嘘寒问暖地关怀我们的成长，但却不能呵护我们的后半生，不能安慰我们的暮年时光。我们不可能在任何一个需要的时候来拥有这份爱，就像一朵花不可能在每个季节都摇曳它的美丽，所以我们只能在能够拥有的日子里用心体验和珍惜，及时地去表达我们的感激。

有了时间上的紧迫感，做感恩的事时才不会犹豫和等待，不会推诿和拖延，不给遗憾留出生长的空隙。人生有各种各样的"有效期限"。朋友曾经很多，但后来都"相忘于江湖"；理想曾经也很灿烂，但因为迟迟不能实现，变得越来越模糊；物质的丰富可能带来了很多快乐，可随着金钱的累积，生命却在一点一点地减少……

席慕蓉在自己的文章中感叹过人生中阴差阳错的错过，感叹"走得最急的都是最美好的时光"，这是一种普遍的生命意识，极容易打动人心。"君不见高堂明镜悲白发，朝如青丝暮成雪。"因为短暂，珍惜就尤为重要，珍惜每一个感恩的机会，珍惜每一个快乐的机会，才能使生命饱满而充实。你一定读过那首《今日歌》吧，我们可以稍加改动，叫做《今日感恩歌》：今日复今日，今日何其少。今日不感恩，更问待何时？

今天，你感恩了吗？认清人生中的"有效期限"，学会尊重、珍惜和感激，生活才有意义，生命才有价值。

一盒牛奶

一个男孩热衷于摇滚音乐，并立志要成为一名摇滚歌星。由于自己的理想不被父母接受，在一次冲突之后，他离开了家。在他走后，父母想尽各种办法寻找他。他们甚至把男孩的肖像印在牛奶盒子上，那种牛奶是当地的知名品牌，非常畅销。

但很多天过去了，依然没有男孩的消息。男孩的家里也有一盒印着他肖像的牛奶，这盒牛奶天天看着男孩的父母愁眉不展、焦躁不安的样子，它也很着急。这一天，它实在等不下去了，就摇摇摆摆地走出家门，它要把男孩找回来。

一路上它走得很辛苦，而且还不断地受伤，但它咬着牙继续前进。在路上，它偶然遇到另一盒牛奶，这盒牛奶穿着粉红色的外衣，是一个漂亮的女孩。它告诉粉红牛奶，自己要去找离家出走的小主人，善良的粉红牛奶愿意和它结伴同行。它们手拉着手走在人来车往的路上，突然，一辆车疾驰而过，粉红色牛奶被整个压在车下，盒子破裂了，牛奶洒了出来，生命也跟着完结了。

它伤心极了，但又无能为力，只好一个人继续往前走。历尽千辛万苦，这盒牛奶终于在一个破旧的录音室里找到了男孩。虽然它的盒子已经很脏了，男孩还是一眼就认出了自己的肖像，说实话他早就想家了。男孩拿起这盒牛奶，飞快地跑回家里，到家时已经是满头大汗了。他非常渴，喉咙都在冒烟。男孩想起手里的牛奶，他打开口，一口气把牛奶喝光了。他冲进屋里拥抱自己的父母，手一扬，空空的牛奶盒被丢了出去。

牛奶盒在半空中缓缓下落，恍惚中它看到粉红色牛奶在向自己微笑，那粉红色的裙摆在它眼前不断地旋转，然后，它重重地摔在地上，男孩的肖像也模糊得认不出痕迹了。这是一首英文歌曲的 MTV 中描述的故事，被称为"最感人的 MTV"。

这个故事可能包含着很多深意，比如人生、命运、爱情，还有感恩。故事中的牛奶只是一个象征，它有更深刻的寓意。生活中很多人在为我们付出，尤其是父母。希望我们不会像男孩那样，忽略掉了应该有的感恩。像牛奶有保质期一样，感恩也有期限，就让我们的感恩从现在开始吧。

虽然我们的人生是有限的，但是感恩却可以无限。

格陵兰岛位于地球的最北端，在这个长年被冰雪覆盖的岛上，生存着一种充满人性的鸟——母子鸟，连名字都给人一种温暖的感觉。这种鸟之所以叫母子鸟，是因为它们有一个奇怪的特性：只要你捉住了母鸟，它的孩子会千方百计地寻找自己的母亲，不管你把母鸟藏得多么隐秘，或者把它带到多远的地方，子鸟最后都能找到母鸟。相反，如果你捉的是子鸟，母鸟最后也能找到它的孩子，不管是母鸟还是子鸟，它们都有一种"不达目的，誓不罢休"的精神。于是它们有了这个美丽的名字。

如果你是精明的猎人，会不会"灵机一动，计上心来"呢？只要捉住母鸟或子鸟，你就可以不费吹灰之力，坐等大批大批的鸟来自投罗网。如果你去格陵兰岛，千万别这么想，也千万别做此等傻事。一旦做了，你会被岛上的居民以"乱棍打出"的。因为"不许射杀母子鸟"是岛上一条不成文的法律，千百年来人们一直遵守这项规则。当孩子开始懂事时，父母就会告诉他："要爱护那些母子鸟，不要伤害它们。"

虽然现在已经没有人知道这个规则是什么时候产生的了，但人们都严格地遵守它。岛上居民的生活习惯也深受母子鸟的影响。他们都是同族聚居，几十口的大家庭随处可见，有点像宗法社会人们的生活。这并不表示他们落后，而恰恰说明了他们的富有。他们拥有现代人越来越缺乏的东西——浓郁的亲情。

岛上的居民说："连鸟都知道一家团聚，知道千里相随，我们更应该珍惜和亲人在一起的时光，不然就连鸟都不如了。"在这个岛上，人们的法律意识并不强烈，在其他国家无比神圣的国家机器，如军队、警察、监狱、法院在这里也并不重要，因为人心是向善的，没有罪恶、争夺和欺骗，道德的标准根深蒂固，人们都凭着自己的良知做事，努力工作，快乐生活。多么神奇呀，一种鸟的母子情深，竟如一片祥瑞之光，笼罩在这个冰天雪地的岛上，驱散寒冷，积聚幸福。这个岛就像陶渊明笔下的"桃花源"，虽无"良田美池桑竹之属"，却"黄发垂髫，并怡然自乐"。

真希望这种母子鸟有朝一日能飞遍世界每一个角落，把这个岛的生活方式也带到世界各地，人们就不用生活得那么辛苦了。爱的力量如此神奇。也捧出你的爱和感恩吧，去温暖父母和周围每一个人的心，去照亮一方天地。《论语》中说："父母之年，不可不知也。一则以喜，一则以惧。天增岁月人增寿，喜也；子欲养而亲不待，惧也。"这种矛盾是无法调和的。增加喜悦、减少忧惧的唯一途径就是感恩，尽量多地为父母做些实实在在的事情。孝心，就尽在其中了。

有时候，我们的生命就像一条河，随着年龄的增长，这条河的流域也不断拓宽，倒映出纷繁的世界。有时我们高兴地扬起浪花，有时我们会迷失、会寂寞。父母就是河的源头，源源不断地输给我们力量，帮我们渡过难关，继续向前。有一首歌叫《天亮了》，歌里唱的是一个真实的故事。

"就是那个秋天再看不到爸爸的脸，他用他的双肩托起我重生的起点"。在一个风景区，缆车意外失事，坠地的那一刻，父亲用双手托起了年仅两岁的儿子。大爱无言，面对这样的爱，都找不到合适的语言来形容，只能在心里深深地感喟。在这本书里，父母的爱贯串始终。希望这份厚重的爱能唤醒更多感恩的心，催生更多感恩的行动。

感恩是一种美好的情愫。我们希望不仅让孩子们学会如何对父母感恩，也能对身边的人和事都怀有一份感恩的心，进而使感恩成为对待人生的基本态度。这样，在经历挫折、陷入低谷的时候，才不会抱怨和放弃，用感恩的心去体味每一次坎坷，除了知道人生的复杂、艰难以外，还能品尝出生命的另一种滋味，和那种苦涩后的甘甜。相反，如果没有感恩之心，生活就会平添许多烦恼。

上帝与男孩

有个男孩，他每天看到别人开心地笑，自己却愁眉苦脸。他觉得别人拥有很多，自己却得到的很少。于是他抱怨上帝的不公平，抱怨所有的人，抱怨发生在他身上的每一件事。他脸上总被一层怨气笼罩着，他没有朋友，也不快乐。一天，他走在沙滩上，正为找不到一只美丽的贝壳抱怨着，这时，一个声音对他说："你怎么了，我的孩子？"男孩环顾四周，看不到一个人。"你是谁？你在哪里？"他对着空中问道。"我是上帝，我的孩子，我一直陪在你身边。"那个声音回答。孩子又搜寻了一遍，他什么也没找到。

"不可能。沙滩上只有我一个人的脚印。"男孩笃定地说。"你错了，孩子。那不是你的脚印，是我的，我一直把你背在肩膀上。"上帝温柔地说。其实，命运对待每个人都没有太大的差别，关键是看我们如何去面对。感恩是打开快乐之门的钥匙，用感恩的目光去看这个世界，蓝天碧水、浅草飞花、清风明月，一切都那么坦坦荡荡，潇潇洒洒。

学会了感恩，自然也就学会了给予和付出。帮助别人也是获得快乐的好途径。一个微笑、一句不经意的赞扬，都会给人带来难以想象的力量和安慰。

老人与女孩

有个从小就非常喜欢唱歌的女孩子，但身边的人都说她唱得很难听，这种话听多了，她渐渐没有了唱歌的勇气。每天早晨，她一个人躲在公园最隐秘的地方，小声地唱几句，还生怕被人听到。这天，她唱了一会儿才发现，身后的长椅上不知何时坐了一位头发花白的老人。她非常不安，老人却微笑着对她说："你唱得真好听，孩子。能再唱一支吗？"她羞赧地笑了，又为老人唱了一支她最喜欢的歌。以后，每天她都来给老人唱歌。在老人的赞美声里，她的自信不断生长。后来，她成了一位歌唱家。

她回到公园寻找老人，有人告诉她："那个聋老头儿已经去世了。可怜的人，他的后半生几乎听不到任何声音。"她望着老人坐过的长椅，很久都说不出话来。一句赞美就能创造一个美丽的奇迹。只要人人都献出一点爱，世界就是一个美丽的人间。

感恩父母，然后感恩一切，进而学会给予和付出，这是一条快乐的路径，就如冰心笔下的这段文字：爱在左，情在右，走在生命路的两旁，随时播种，随时开花，将这一径长途点缀得花香弥漫，使得穿花拂叶的行人，踏着荆棘，不觉痛苦；有泪可挥，不觉悲凉……

感谢父母的目光，你们的凝望照亮我的前路；感谢父母的臂膀，你们的呵护让我跌倒了也不会哭；感谢窗外那个秋千，你给了我快乐的童年；感谢第一个破灭的梦想，你让我看到世界的不完美；感谢老师们，你们让我少走了很多弯路；感谢我的朋友，你们让我不那么孤单；感谢爱情，你带我走进生命的另一片风景；感谢一滴露珠，你心里装着初升的太阳，让我看到造化的神奇。

最后，也要感谢自己，能够拥有一颗纯真的感恩的心。

21 感恩生命中最重要的几样东西

生命中什么东西最重要呢？不妨来做个感恩的小游戏。毕淑敏的《心灵游戏》一书中有这样一个游戏，名字叫"我的五样"。游戏规则是选择对你来说最重要的五样，可以是人、动物，或者各种东西。只要你认为是最重要的，都能入选。然后假设你不断遇到危险，每次遇险时从这五样中舍弃一样就可以挽救生命。这个游戏并不容易进行，因为要不断舍弃自己最重要的东西是非常困难的。

下面我们就来做这个游戏，不管多困难，请坚持把它做完。先在一张白纸上写上"某某的五样"，"某某"代表自己的名字。然后在下面写上你认为最重要的"五样"，一定要写对你而言最重要的。在每次遇到困难时，要舍弃其中一个，把它用笔画掉。请注意，一旦画掉，就意味着它将从你的生命中消失，在画去之前，你要不断地回忆它在平日给你带来的欢乐，想到这些，你会很难过，但还是要坚决地把它画去。

选择的过程一定很艰难，而且越往后进行越艰难。从心理学的角度，这个游戏的意义在于：帮我们发现什么是生命中最重要的东西，在面临选择时作出最正确的判断。做完游戏我们来看看结果，你的"五样"里有自己的父母吗？你把他们"保留"到了什么时候？如果留到了最后，那么最后一次又是怎么选择的？

很多老师也让学生在课堂上做过这个游戏，几乎所有的学生都把父母留到了最后，都面临最艰难的选择。自己和父母到底谁活下来？舍弃自己吗？自己还没有好好地欣赏这多彩的世界。舍弃父母吗？那就意味着从此永远失去他们，这时，不少女生已经流眼泪了，男生小声说这没法儿选。但老师坚持要他们作出选择。结果只有两个：牺牲自己或者牺牲父母。大部分同学留下的是父母，他们认为父母给了自己生命，抚养自己长大，如果遇到这样的危机，应该用生命去报答父母。也有一小部分同学留下的是自己，他们认为自己是父母生命中的一部分，根据平时对父母的了解，如果没有了孩子，他们一定会伤心过度，余生也不会得到幸福，与其让父母承担这样巨大的痛苦，不如让自己来承担这一切。

只要出于一片孝心，哪一种选择都是崇高的。一些父母也做过这个游戏，他们都把孩子留到最后，牺牲了自己。奇怪的是，在前几次选择中他们犹豫、痛苦，难以决定，而最后的选择，他们几乎不假思索。这是怎样的一种爱呀！做这样的游戏你一定觉得很累，看看窗外，阳光依然灿烂，想象中的危机并没有发生，父母还在我们身边，但我们的心境已经不同了，明白了父母的重要，也就明白了如何理解、体谅、孝敬父母，让他们生活得更快乐。

先救谁

他去参加了一个成人的培训班，每次下课时老师都要留一道问题，这次的问题是："假设你们全家人坐在一只小船上，不幸船翻了，你的母亲、妻子、儿子还有你自己一起落入水中，你会先救谁？"这是一个很刻薄的问题，比"母亲和妻子一起落水"的版本更刻薄，因为又多了一个儿子。对于能力有限的凡人来说，确实很难取舍。有人说先救儿子，儿子的生命才刚开始，死了太可惜，这种答案比较实际；有人说先救母亲，但很多人都质疑他是否真心；也有人说先救妻子，但语气并不坚决。他也想不出答案，于是决定回家问问"当事人"。

回到家里，他把问题重复了一遍，话音未落，正在上高一的儿子哈哈大笑："爸，你们老师'短路'了吧，出这种怪问题？反正是假设，等真发生了再说吧。"妻子对他怒目相向："好你个没良心的，我辛辛苦苦跟你这么多年，你敢不救我，我就和你离婚！"他听得眉头一皱，真后悔把问题拿出来与大家"分享"。

这时，母亲颤巍巍地走到他面前，认真地问："儿子，你刚才说全家人都掉河里了？"他点点头，"那你不也掉河里了吗？"母亲着急地说，"我要先救你！"母亲的话像一枚炸弹，不仅在儿子心里炸开了，也在全家人心里，在每一个看到这个故事的人心里炸开了。

到底什么是母亲呢？总有人这样追问，或许看到下面这个故事，就知道什么是母亲了。

母亲的真谛

"Mother"的诠释英语课上，老师在黑板上写了一个单词"Mother"，然后说："现在我们做个小游戏。大家都知道这个词是'母亲'的意思，它可以分解为 M、O、T、H、E、R 六个字母。下面请同学们分别以这六个字母开头，组成六个新单词，在后面写上你对这个单词的理解。请注意，你写的单词和理解要与'母亲'有关。完成后我们推选一个最佳答案。好，马上开始。"

大家盯着黑板看了一会儿，就开始"刷刷"地翻字典。20分钟后，老师说："请大家互相看一看，选出你们认为比较好的，上来朗读。"经过推选、朗读之后，同学们一致推选的最佳答案是：

M——many，母亲总是尽可能地满足我所有需要，给了我很多、很多。

O——old，母亲日夜为我操劳，白发已经染白了她的鬓角。

T——tears，母亲为我流过不少眼泪，她痛苦着我的痛苦，快乐着我的快乐。

H——heart，母亲用她盛满慈爱的心温暖了我的一生。

E——eyes，母亲用守望的目光照亮我脚下的路。

R——right，母亲说的话都是对的，指导我去做正确的事。

很有趣的小游戏，让学生动手、动脑，还动了心。我们也可以发明一些这样的游戏，比如把"Father"这个词也用这种形式诠释出来，试试看吧。游戏中的那种选择可能我们永远不会遇到，但请把它带给你的震撼或感动留在心间。如果感恩是一粒种子，就让它在你心里的土壤上生根吧，再和岁月一起繁茂，你的人生会因此而美丽。

除了上面这个小游戏，还有很多别的小测试，比如测一测你的"感恩指数"。

有一则"高乐高"的广告词是这样的："我五岁时，妈妈给我喝'高乐高'；六岁时，'大力可'和我一起喝'高乐高'；我十岁了，我给妈妈冲'高乐高'。"电视画面中是一个可爱的小男孩。

这里抄录的广告词可能不够准确，但意思是一样的。它的成功之处在于，在商业性的广告片中体现了充满温暖的人性美。那个小男孩随着年龄的增长也学会了感恩，"给妈妈冲'高乐高'"像一句温馨的提示，看过这则广告的孩子，也会学着小男孩的样子，把一杯"高乐高"或者一杯水，微笑着递到父母面前吧。

你学会感恩了吗？那颗感恩的心是否在春风的呼唤下渐渐转醒了呢？下面我们一起做个感恩的小测试，看看自己的"感恩指数"有多高吧！这个测试的题目叫"我的感恩指数"。方法很简单，只要依次回答列出的问题即可。为了使结果尽量真实，请仔细阅读问题，选出最适合自己的那个选项。本测试没有时间限制，但最好能一次做完。好，测试现在开始：

1. 作为孩子，你认为有必要向父母感恩吗？

A. 非常有必要

B. 无所谓

C. 没有必要

2. 你怎样理解报答父母的"养育之恩"？

A. 源于"血浓于水"的亲情

B. 社会舆论和道德的要求

C. 一种偿还

3. 你理解自己的父母吗？理解的程度是怎样的？

A. 非常理解，知道他们真正的想法

B. 有时候理解

C. 不理解

4. 你知道父母的年龄和生日吗？并且在第一时间清楚、准确地说出来。

A. 知道，也能准确地说出来

B. 只知道大概

C. 不知道

5. 你关心并了解父母的身体健康状况吗？

A. 关心，也比较了解

B. 一般，有时候想起来问问

C. 不太关心和了解

6. 你知道父母喜欢的东西吗？比如他们爱吃什么、喜欢什么颜色等。

A. 知道

B. 知道一部分

C. 不太清楚

7. 你了解家里的经济情况吗？

A. 非常了解

B. 比较了解

C. 不了解

8. 你经常和父母聊天或者谈自己的想法吗？

A. 是的，经常

B. 偶尔

C. 从来不

9. 你经常向父母说感谢的话或者"我爱你"吗？

A. 是的，经常说

B. 有时候说

C. 几乎不说

10. 你经常拥抱自己的父母吗?

A. 经常拥抱,我喜欢拥抱他们

B. 有时候拥抱一下

C. 从来没有过

11. 你上次帮母亲洗碗、扫地或者擦桌子是在什么时候?

A. 昨天

B. 好像是两个星期以前

C. 时间太长,早就忘了

12. 你对父母说过谎话吗?

A. 从来没说过,我没什么要隐瞒他们的

B. 说过一次

C. 说过几次

13. 你经常和父母发生争吵吗?

A. 从来不,意见不一致时我会和他们沟通

B. 偶尔发生过

C. 是的,经常发生

14. 面对父母的教导和批评,你的态度是怎样的?

A. 虚心接受,认真改正自己的缺点和错误

B. 有时候听

C. 基本上不听,坚持自己的想法

15. 你认为自己是个懂得感恩的人吗?

A. 应该是吧,我觉得自己做得很好

B. 还可以,做得一般

C. 有些勉强

做完测试后，猜猜你的"感恩指数"有多高呢？

这个测试的结果并不是金科玉律，只是提供一个非常感性的评判标准。如果在你的答案中，A 项是最多的，那么恭喜你，这说明在对父母感恩这方面，你做得很好。但测试中列举的问题并不是全部，请你继续努力，做一个理解、关爱父母的好孩子，并把感恩的心付诸行动，去做感恩的事。

在你的答案里，如果 B 项比较多，说明你有一颗感恩的心，但做得还不够好。以后在生活中要学着关心、了解父母，选择恰当的方式和他们沟通。经过一番努力之后，相信你的"感恩指数"会一路飙升。

如果你的答案中有一部分 C 选项，这时你就要提高警惕了，你的感恩之心还不够大，还有一定的差距，但也不要沮丧，从前面的问题中找一些提示，想想自己接下来该怎么做。

通过这个测试，你是否对以后"如何感恩"有一个完整的规划呢？

父母写给世界的信

亲爱的世界，你好！我们的儿子今天去上学了，这对他来说是一件多么有诱惑力的事情呀！傍晚的时候我们要去学校门口接他，他一定会张开双臂，像小鸟一样飞奔过来拥抱我们，叽叽喳喳地讲这一天里的新鲜事，他该多么开心呀！

可是世界，我们担心他会不习惯，会一时间无所适从。他一直生活在我们怀里，躲在我们身后，而今天，他已经松开我们的手，自己学着去走脚下的路了。他一离开我们的视线，我们就开始担心，担心他和同学吵嘴、打架，担心他伤害自己也伤害别人。他受了委屈是会哭鼻子的，那时有没有人安慰他，有没有人嘲笑他呢？所以世界，在他学着认识你的这段时间里，请你温柔地对他，不要让他感到恐惧和厌倦，这样他才会充满激情地去生活，才会感到快乐。

世界，我们知道你很复杂，不管是性格还是面貌。但我们的儿子还不知道。他是个单纯而可爱的小家伙，你也是这么认为的吧？所以，世界，在教他如何认识你、怎样和你交往、在你的领地上生活时，请你多给他一些时间，千万不要急躁。也请你宽容地对他，在他犯错的时候给他改正的机会，他也许是无心的，也许只是出于好奇。我们相信他会努力改正自己，朝着正确的方向前进的，我们的儿子有这样的勇气和精神。

世界，我们知道你是最好的老师，所以也请你严厉一些，教会他如何生存。让他吃一些苦头，虽然于心不忍，但我们还是要拜托你。请你让他看清困难是什么样子的，告诉他握紧拳头，勇敢地去面对。让他知道你的领地里有黑暗、有战争，有暴力和欺骗，也让他看到光明、爱心、善良和真诚。请你赋予他高尚的灵魂，塑造他坚强的性格，教给他分辨善恶的智慧。还有，世界，请让他看到你的美丽。让他看到蓝天碧水、高山流云，看到春花秋月、暮霭朝阳，让他心中永远有一片美丽的天地，让他永远有寻找快乐的能力。世界，请一定为我们做到，请你尽力而为，拜托了。

最后送上我们最衷心的感谢。祝你永远和平！一个非常可爱的孩子的父母。

读这样一封信，父母对我们的爱历历在目。信里的请求会一个接一个地实现，但实现它们的并不是世界，却是我们的父母。想想父母是如何爱我们的，然后每天爱父母多一点吧！

爱的加速度

一名物理教师正在教室里给学生们上课，这节课的内容是重力加速度。他说："任何物体，在它下落时受到重力的影响，会具有一种加速度。"他手里拿着一个小铁球，他把铁球抛上去，又伸手接住，接着说："加速度会使下落的物体有很强的冲击力。"他让学生们轮流抛这个铁球，感受物体下落时的冲击力。

这时有人在门口急促地喊他："李老师，不好了，你儿子站在楼顶上，快去看看！"他夺门而出，向正被很多人围观的那栋楼跑过去。他的儿子才四五岁，喜欢放风筝，喜欢抬头看天上飞过的鸟和飞机。小男孩总是想象着自己长出一对翅膀飞起来的样子。他一天当中有很多时间是仰着头的，蓝天里有他的梦想，虽然他还不太清楚梦想是什么。李老师用最快的速度跑过去，刚站到人群最前面，一架飞机从小男孩的身后飞过来，小男孩仰起头，顺着飞机的方向不自觉地向前走了两步，却一脚踩空，从十几层高的宿舍楼上摔了下来。人群发出一阵惊呼，有人闭上眼，有人抱着头蹲下。

李老师不顾一切地向前跨了几步，伸出手，儿子正好落进他的怀里，把他撞倒在地。人们"呼啦"一下围过来。孩子因为受了惊吓脸色惨白，但没受重伤，只擦破了些皮。李老师却躺在地上动不了了。因为受到太强的冲击力，他的右手骨折，几根肋骨也断裂了。学生们去医院看他时问："老师，你当时怎么忘了重力加速度？物体下落时冲击力是很大的。"他笑着说："我哪里还管什么加速度，大脑一片空白，连想的时间都没有。"

"老师，你去参加长跑比赛肯定拿第一。我们紧跟着你出来，却被你远远地甩在后面。你的加速度比重力加速度厉害多了。"学生的话把大家都逗乐了。他惊魂甫定,一直不敢回想当时的情景,总是在心里暗自庆幸:谢谢上天的仁慈,幸亏我及时赶到了。

以前也听过这样一个故事:一位年轻的母亲买菜回来,看到自己刚会走路的女儿在窗前向她招手。她正要向女儿挥手,却看到女儿打开窗户,一条腿已经跨了出来。她觉得头脑中"轰"的一声巨响,扔了手里的篮子,飞奔过去,正好接住从楼上掉下来的女儿。

后来有人测算,即使让世界上优秀的短跑运动员,用同样的时间来跑那段距离都是很困难的,而母亲那天还穿着高跟鞋。不管是文中的父亲,还是这位母亲,让他们再用同样的时间跑同样的距离也是不可能的。

唯一的解释是,他们当时具有"爱的加速度"。"我的爱,像清风,吹散你头顶的阴霾;我的爱,像流岚,装点你眼里的风景;就让我的爱,如花香,弥漫在每个晨昏;就让我的爱,如虫鸣,伴你无眠的长夜;让我做你的手杖吧,在你头发花白的时候,陪你走每一步路,就像小时候,你拉着我的手。"

"父兮生我,母兮鞠我,拊我畜我,长我育我,顾我复我,出入腹我。"这是《诗经·小雅》中的一段文字。在中国文化的源头,远古的先民就已经懂得感激父母了。这发自内心的歌咏穿越漫漫岁月,一直萦绕在后人心间。

可以说,中华民族是最讲孝道的民族,"孝"曾一度成为衡量人的首要方面。不管时代如何变迁,"孝亲"的情结不会淡化,也不应该被淡化。除了天性使然,它还是我们与生俱来的责任。爱不仅是一种内心的强烈情感,还是一种行为的传递。作为子女,只拥有感恩的心还远远不够，必须要有感恩的行动。王安石说"纸上得来终觉浅，绝知此事要躬行"。虽然是说怎样做学问，但对感恩来说也是同样的道理。只有以行动为载体，在生活琐事中让父母感觉到孩子重视他们、爱他们，才能抚平我们少不更事时带给他们的伤害，才能慰藉他们日渐孤寂的心。抓住生活中的所有细节，尽可能地去做感恩的事，不管这段人生旅程是壮观还是平凡，只要充满爱，就充满幸福。

感谢的话不要总藏在心里，亲人之间也需要表达，说出来才发现语言所起的作用是如此奇妙。我们彼此被关注着、被爱着，在这个荡漾着温情的空间里，幸福变得简单而接近。让我们忘记窗外风吹雨打，尽享此刻春暖花开。

22 用温暖的字迹记录感恩

　　小学的时候，老师要求每个学生都准备一个日记本，那时写日记是为了交差，而且还要被检查，所以都是些烦琐的生活记录，或者"流水账"，自然也就不会有什么秘密。后来，老师不再检查日记了，那个小小的日记本也被遗忘在角落里。

　　那时的日记只是练习，真正的日记开始于我们觉得心里有些感觉要写出来时，于是精心挑选了一个有着美丽封面的日记本，小心翼翼地写下了有生以来的第一页心情，那是一种奇妙的感受。随着思想的日益丰盈，日记也充实起来，关于理想、人生、爱情的思考都渗透其中。可不知为什么，从孩子有日记那天起，就和父母拉开了一些距离，所有日记从诞生之日起就成了父母的禁区，像是一扇门，门上挂着锁。

　　这是让父母接受起来有些困难的事实，也许是一种伤害。很多父母都认为，孩子有了日记就有了自己独立的空间，孩子在长大，在一步步脱离他们的世界。如果发现父母有这样的想法，一定要告诉他们"不必为此忧心"，告诉他们成长过程中总有些东西需要消化、沉淀和思考，自己在日记里记录的大都是心路历程，而不是秘密。作为人生的记录，日记的容量是无限的，我们可以随心所欲，畅所欲言。但有一个重要方面却常被忽略，那就是对父母的感恩。可能在记"流水账"的年代，我们还能经常记下父母为自己做了什么，但现在，父母的爱在日记的"领土"上往往被忽略。

"感恩"是很温暖、很美丽的情感，有爱、有触动才会有感恩，把它诉诸笔端，也一定会是最真挚的文字。把父母为我们做的点点滴滴记录下来，就会越来越懂得珍惜和感激。如果若干年后再看到这篇日记，一定感慨良多。无形中也为自己留下了珍贵的记录。这样的日记写多了，自然会有鲜明的感恩意识，从而自觉地去做更多感恩的事。

学会了关心、体贴父母，和父母的关系越来越融洽，也就不会因为一本日记产生隔膜了。写"感恩日记"，用心领悟、体察父母的爱，也许比记录那些永远也不会有答案的思考更有意义。记录下一生当中最重要、最深厚的感情，随着我们的生命一起延伸，在经历风雨的时候，重温这些往事和感言，会从中汲取到温暖和力量。这是一种心灵的抚慰与陪伴，让我们永不孤单。

卡片的"成长"

妈妈的生日又到了，她照例送给妈妈一张卡片。当她把花了一个下午，走了很多地方才买到的精致卡片放到妈妈手里时，心中满怀期待。妈妈打开一看，上面写满了英文字，又轻轻把它合上。然后妈妈从抽屉里拿出一个盒子，打开，里面花花绿绿的，都是她以前送给妈妈的卡片。妈妈拿起一张，搂着她的脖子说："记得这张吗？那时你还不会写字。你告诉我说，你努力想把这个太阳画圆，可怎么也画不圆，你都急哭了。当时我好感动。"妈妈又拿起一张："看，这时你会写字了，'妈妈'两个字写得歪歪扭扭，看上去多可爱呀！看到这张卡片，我就想起你小时候的样子。"

再拿出一张，"这是你用自己省下来的钱买的，不如现在的精致，但你写了很多心里话，还有一首小诗呢。你送的卡片越来越漂亮，可你写的字、画的画却越来越少了。"终于拿起今天这张，妈妈惋惜地说："上面都是英文，妈妈能看懂的只有你的名字。你长大了，会觉得以前那些太幼稚，可对妈妈来说，它们比再精美的印刷品都珍贵。你懂吗？"

面对那些已经被她忘记的卡片，她看到了自己的无知，用物质和金钱来表示爱，只能让爱越来越疏远。她拿过那张精美的卡片，说："妈妈，我再做一张给你。"她又像小时候那样拿着画笔认真地画起来，还在上面写着：妈妈，我会永远做你最贴心的小女儿。

卡片上记录着女儿对妈妈的爱，但这份爱却越来越疏远。在日记里也记录下自己对父母的爱吧，并经常翻开看看，不要让自己的爱也渐渐变得疏远。

爱的记录

在一次摄影作品展上，一幅照片吸引了很多人驻足观看。这是一幅动物的照片；画面上有一头老牛和一头小牛并排走着。老牛身上有多处鞭打过的痕迹，有几处伤得很重，伤口撕裂开来，浸出殷殷血迹。小牛没有受伤，甩着尾巴走在老牛身边。这幅照片看上去没有什么特别之处，但它旁边有一段说明文字，触动了每一个参观者的心。

那段文字讲述了这样一个故事：在一个极度缺水的沙漠地区，每人每天的用水量受到严格限制。这些少得可怜的水还是附近的驻军从沙漠以外运来的。这一天，天气异常干燥，一头向来忠厚老实的黄牛耐不住干渴，咬断缰绳，跑了出去。它跑到沙漠里唯一的公路上，站在路中间，一动不动。一辆运水的军车正经过这里，老牛倔犟地站着，不管战士如何驱赶都不挪动半步。牛的主人赶来了，在他使尽浑身解数之后，老牛还是一动不动。万般无奈之下，主人扬起鞭子，狠狠地抽打在老牛的背上。鲜血流出来，染红了鞭子，但老牛坚持着，那坚持让人动容。

送水的战士看不下去了，他倒出半盆水放在老牛面前，说："为了你，我愿意受罚。"可谁也没有想到，老牛不是低头去喝那几乎是以死换来的水，而是朝着不远处的沙丘叫了几声，只见一头小牛应声跑过来，贪婪地喝完盆里的水。老牛就那样看着，然后舔舔小牛的眼睛，在人们惊愕的眼神中，它们转回身，离开公路，慢慢地走进沙漠的深处……

于是，我们看到了上面那幅照片。爱是需要被记录的。老牛背上那殷殷的血痕是爱的见证，那幅照片和文字也是。任何形式的对爱的记录都是深刻的，伴随着体会和解读，激起心底波澜。这样，爱才能传递下去，才能生生不息。写日记不只是一种简单的记录，同时也是一种体会、一种思考、一种沉淀。记录下父母的爱，记录成长中的幸福时刻，记录生命里的动人音符。

时至今日，科技如此发达，但书信仍然有他独到的魅力。书信是现在众多通信方式中既古老又亲切的一种。它不像电话那么匆忙，也不像电子邮件那么冰冷。见字如晤，是只有书信才能达到的深度。

在繁杂的人世间，寻一个安静的角落，于夜幕降临时，铺开一张雪白的信笺，来抒写我们的感恩心曲吧。小小信纸，万千心意写一封"感恩信"。古往今来，在中国人的心目中，书信一直有着非常重要的地位。古时交通不便，书信是最为普遍的一种通信方式，但书信的往来也非常困难，尤其是动乱年月。

杜甫的名句"烽火连三月，家书抵万金"道尽了这其中的沧桑。书信对远行的人是一份厚重的乡思，一缕割不断的牵念。"洛阳城里见秋风，欲作家书意万重。复恐匆匆说不尽，行人临发又开封。"这种心切，也许只有出门在外的人才能体会。现在的通信设备越来越先进，人们的心也不由自主地在信息高速路上"飞"了起来，不再习惯脚踏实地地思考，不再习惯刻骨铭心地想念，更不习惯花很长时间去整理思绪、写长篇累牍的信了。

于是书信渐渐远离了人们的生活。据说很多学生寄回家里的信是用电脑打的，虽然字迹整齐，还有漂亮的插图，但父母看到这样的信并不觉得亲切，反而有些心寒，仿佛拿在手里的信不是孩子的肺腑之言，而是商店橱窗里的商品。书信自有它的独特之处，是任何现代化的手段不能代替的。

打电话时总是太匆忙，说起话来不仅没条理还丢三落四，对着电脑屏幕思维总是不纯净，它们都无法和在一盏温暖的灯光下写就的一封家书相比，那几页信纸充满了亲情的温度和思想的厚度。离开家的时候，养成经常给父母写信的习惯吧。详细地告诉他们自己的生活、学习情况，说一说自己的成长和收获，遇到困难也可以写在信里，向他们请教。有人调查说现在的大学生一半以上没有写家信的习惯，即使有也仅止于一两封，远远少于和恋人及朋友间的通信。

很多学校展开了给父母写"感恩信"的教育活动。学生认真地写好信，贴上邮票，小心翼翼地投进信筒，然后热切地期待回信。这是一种全新的情感体验，激动、幸福，沐浴着温情。当然，写信也不一定非要在离家的时候。如果有话想对父母说，又不好意思当面讲，写信也是一种不错的表达方式。如果今天发生了一件对你来说很有意义的事，就可以写写它带给你的触动和启发，与父母做个交流，这就是一封成功的"感恩信"了。

如果和父母发生矛盾，是自己的错，就在信里向父母道歉，自己是对的，就在信中说明理由。用这种平和的方式化解矛盾，拉近彼此的距离，和父母坦诚相对，也是我们的感恩。我们还可以采用明信片的方式，选择父母喜欢的图案，例如一幅美丽的风景。如果是自己亲手制作的卡片就更好了。在父母的生日、节日或平常的日子里，写上我们心里的感谢和祝愿，送给他们，他们一定会非常开心。

席慕蓉有篇文章叫《生日卡片》，写她14岁初次离家，在母亲生日时花了很大心思做了张卡片寄回家，在上面写了很多心里话。卡片寄出后就被她淡忘了。多年以后，在母亲存放家族重要资料的箱子里，她看到那张卡片，才忽然发现，这么多年，她只做过一张卡片给妈妈，后来的卡片都是从商店买来，匆匆写上名字又匆匆寄出。

一直以为母亲不够爱她，而自己当年的一个小举动，却被母亲珍藏了这么多年。经常给父母写信或做一张卡片吧，写上我们想说的话，让他们放心，也让他们快乐，不管长短都是我们的一片心意，父母会长久地珍藏起来。几年前那首叫《一封家书》的歌大街小巷都在唱，人们觉得它亲切于是喜欢。

收到远方的来信是人们心底的一种期待，家中的父母更是这样。当我们从心底溢出的文字在父母面前铺开时，不管那字迹好看与否，在他们眼里都会熠熠生辉。那一刻，是心与心的交融，爱与爱的连接。其实，真正能够跨越时空的不是高科技手段，而是我们的爱。

迟到的家信

他离开家的那一年母亲刚去世，父亲好像一下子老了，腰再也没直起来，让人很容易就看到头上花白的头发。参加海军是他的凤愿，这一天终于等到了。虽然临行时有些放心不下父亲，但理想的诱惑是巨大的，想到家里的沉闷空气，想到大海的广阔无边，他还是向着理想出发了。新生活到处都是激情，他很快忘记了从家里带出来的伤感。和理想面对面的感觉让他异常兴奋，时光迅速地前行，转眼就是一年。

那天晚上一个同伴在写家信，写着写着竟忍不住哭了起来。在这个男子汉组成的方阵里，哭是很少见的，但没有人嘲笑他，只是默默地注视着。有些感情是共通的，而且很容易传染。他在那一刻想到了家里的父亲，想起父亲弯着的腰和花白的头发。他只在刚入伍时给父亲写过一封报平安的信，还是离家时父亲再三要求的，以后就再也没写过。

他迅速找来纸和笔，情急之下却不知道该说些什么。最后，他写道：爸爸，对不起！爸爸，我会尽量争取假期的，我太想你了。还有，爸爸，我爱你。在家与理想的情感纠葛中，胜利的往往是后者。

其实父母从未想过束缚我们的手脚，只是想时刻关注着我们，知道我们的消息。为了那凝眸处的殷殷期盼，请别忘了：写封信回家。

三封家书

他上大学的那个时代还不流行手机和网络，写信是很平常的事情。他写了很多信，毕业时光收到的信件就装了两大盒子。一天在整理旧物时，他决定整理一下这些信件。有很多是朋友的来信。

　　他当时怀着极大的热情给朋友写信，认为每个人对他来说都很重要。数了数，这些回信共有一百多封，这说明他当时写的信要大于这个数字，因为还有一部分是没有回信的。令人遗憾的是，写这些热情洋溢的文字的人如今已经不知去向了，只有少数几个还保持着比较密切的联系。隔着岁月的帘幕再回望当初那份热情，他不免觉得有些可笑。另一部分是和女朋友的通信。那时他的所有思绪都是和"爱情"有关的，他觉得自己就是诗人，写出的每一封信都是对幸福的憧憬，他的心也无法安稳地停在胸口，而是飞了起来。但时间也是有翅膀的，生命中的改变让人无法抵挡。

　　四年的光阴倏忽即逝，"劳燕分飞"之后，昔日的誓言如秋风中飘零的黄叶，"海枯石烂"依旧只是个美丽的传说，他们最初的爱恋是一只蝴蝶，而蝴蝶飞不过沧海，也穿越不了季节的更替。他在毕业那年还写过一些求职信，但都石沉大海。经历了太多次由希望转为失望的落差，他逐渐触摸到了生活的本质，而非表面的华丽包装。在妥协与挣扎中寻找出路，他一直坚持到现在。那些曾经破碎的梦想，已经和现在无关了，想起来，也不觉得痛苦。最后拿在手里的，是三封父母写给他的回信。

　　他继续在盒子里翻找，希望再多找到几封，哪怕再多一封呢，结果却令人失望。他不敢置信，四年的大学生活，他竟然只写了三封家书。打开三封回信，都是父亲的笔迹：第一封写道，"你注意身体，安心学习，不要挂念家里。钱已经寄出，注意查收。"他想起了自己在信里向家里要钱。第二封信写道，"你妈打电话说她摔了一跤，并不严重，休息几天就好了，不用担心，你自己保重。"他信以为真，年底回家才知道，母亲意外摔伤造成严重骨折，在床上躺了几个月。第三封信里父亲说，"去哪里工作你自己决定吧，不要顾虑家里，也不要勉强自己。找你喜欢的工作，去你喜欢的地方吧。"于是他去了南方，与家隔着"千山万水"的距离。

面对这三封信，他百感交集。他热衷过的那么多东西都随时间淡漠了，只有父母，虽然不在身边，却始终牵挂着他。他庆幸自己写过这三封家书，他悔恨自己只写过这三封家书。多年以后，是这三封家书，让他看清了生命中最持久的那份牵挂。"亲爱的爸爸妈妈，你们好吗……"你一定听过这首歌吧，喜欢那种平淡、温馨的感觉吗？学会在生活中寻找机会，给父母写"感恩"信，让他们也来体验一下这美好的感觉吧！有些话，在说不出来的时候，就写在纸上吧。文字在表达情感上有它独特的魅力。那薄薄的纸页，可以承载暖暖的心意。

23 朋友，带来感恩的使者

周华健曾在《朋友》中这样唱道：朋友一生一起走，那些日子不再有，一句话，一辈子，一生情，一杯酒；朋友不曾孤单过，一声朋友你会懂，还有伤，还有痛，还要走，还有我。

童年的玩伴，不是已为人夫，就是嫁做人妇。可是友情依然不减，在困难时，需要帮忙时，只要说一声就都来了。朋友就是那些帮了你也不需要说谢谢的人，如果你把谢谢的话说出来，反而显得生分。所以拥有朋友，使我们更愿意感恩，感恩朋友带来的感动。

拥有朋友的人是幸福的，从上学到参加工作，每个人的身边总少不了朋友的身影。有困难了，找朋友；心情不好了，找朋友；有高兴的事情了，找朋友……生活中，什么都可以缺，唯独不能缺少朋友。

古龙说过一句话：细数这一生，其实最令我感恩幸福的，不是那些钱，不是那些虚名，而是那些肝胆相照的朋友。

宗教都告诫人要感恩，而提及感恩，我们总是先想到亲人、爱人，很少有想到朋友的，并不是我们不这样觉得，而是往往把这种感恩忽略了。只有在某些特定的时刻，也许就是一瞬间，忽然想到了，一下子内心满满的幸福和感恩。

朋友的问候

小冷那些日子有些不舒服，于是写了一篇生病的日志，只是无聊写写的。没想到隔了一天，却接了好几个许久不联系的老朋友的电话，虽然并不像小说中那样神奇，能让人开心得病都好了，但他确实感到非常的温暖和幸福。

"哥哥最近身体不太舒服吗？我在你最近写的日志中，看到哥哥写到身体有些不适，所以问候一下，没什么事我就放心了！"电话那边是小冷上学时的一个学妹，清脆悦耳的声音使他格外的开心，一股幸福温馨的感觉把他紧紧包围着。

那天他整整一天心里都甜甜的幸福着，虽然过了这么久，但大家仍然小心翼翼地收藏着往日的友情。坏心情又算得了什么呢？难道这样的友情不值得感恩和庆幸吗？

在生命的历程中，其实每位朋友都是这世上的宝贵财富，都是心中幸福的阳光，大家在彼此的泥土里绽放着芬芳，有些朋友现在很少见面，也很少通电话，可彼此常常牵挂、关心着。在朋友们的身上看到了许多令人感到幸福的东西。

每个人都有细腻的内心，而朋友的一些无意的温暖举动，总会给我们留下深深的印象。要知道这世俗纷杂的社会有些东西在渐行渐远地离我们远去，比如梦想，比如年华。而今生无论世事怎样流变，唯一不变的、唯一最珍贵的，就是岁月深处的朋友们的那份真心。

无论我们经历了多少的世间喧闹和繁华，其实在我们生命中最美丽、最真实、最幸福的一切，就是拥有那些真诚可爱的朋友，没有什么比这更令人感恩和幸福的了。生命是一种现实，人们常常在流泪中微笑，在微笑中流泪，而感恩是一种心情也是一种情绪。

当读着朋友的留言，听着朋友真情问候的言语，还有朋友那悦耳动听的声音，我们能真切地感受到那丝真诚感人的气息，那是健康的、饱含关怀的、真诚的气息，它一端连着遥远的天涯，一端系着美好的海角，一端连着温暖的春，一端系着收获的秋。无论多么漫长多么艰苦的旅途，朋友都愿意与我们平等相伴到永久，在细细的悠长的幸福中欣赏收藏着共同的生命，慢慢地用手中的笔挥放真心的情感洒下赤诚，剪一段月光裹住遥远的心曲。

每一个夜晚都静静地漆黑着，而朋友却让我们在这深夜里感受到光明的幸福，风雨旅途中有他们的关心和问候，生命就是幸福的。每每在沉静的夜里，和朋友聊着天，我们的心总是被友情斟满了幸福。

现实生活中，每个人都有涉世的艰辛痛苦时刻，每个人也都有温馨幸福的心路历程，而困顿中，好朋友间的默契，是一份理解和关怀，只有那份心与心的和谐才能使身心疲惫的自己依然保持微笑，那是一种发自内心的真正的幸福。

互相的惦念，互相的牵挂，互相的爱护是人世间最难得的情感抚慰，是朋友间最难割舍的真情。朋友的一声问候、一句关心，那是自己莫大的幸福，值得感恩一辈子！

没有朋友是多么可悲的事情。胡适曾说过这样一句话，"通常我会这样认为，所谓不幸福并不是因为失业或失恋还是别的什么灾难，而是没有志同道合的朋友。"

正像大家所说的，"孤独的人是可耻的"，而孤独的人正是没有朋友的人，可耻不可耻暂且不论，但幸福是一定没有的，也就慢慢失去了感恩之心。如果把幸福和感恩比做奖杯，那么朋友就是这奖杯的底座，只有拥有朋友，幸福才能站得住。

据英国国家体育彩票发行公司最近发布的研究结果显示，拥有超过10位好友，能让人的感恩概率超过50%。拥有好友的数量关系到人们对生活的感恩度。

国家体育彩票发行公司委托英国诺丁汉大学心理学博士理查德·滕尼展开研究，结果表明，英国人的感恩概率取决于拥有好朋友的数量。拥有少于5位好友的人仅有40%的感恩概率，拥有5～10位好友的人有50%的感恩概率，拥有超过10位好友的人感恩概率可达55%。

在这项研究里，滕尼把英国彩票得主和普通人共1760多人分为两组，研究他们的社会网络与感恩概率的关联。结果发现，各地彩票得主与相识已久的朋友在一起最有感恩的感觉，他们会形成一个小范围内紧密联系的社交圈。与此同时，普通人与孩童时的朋友不如与成长后结识的朋友关系紧密。研究人员认为，彩票得主更信任相识已久的朋友。因为经济有保障，所以他们可以耗费更多时间与精力关注他们最在乎的人。研究还显示，对生活满意的人拥有朋友的数量是对生活不满的人的两倍。

感恩意味着拥有许多朋友。据一份权威统计数据显示，女性懂得感恩需要拥有33位朋友，而男性需要49位。虽然女性所需朋友比男性少，但与朋友关系紧密度更高。

研究人员还发现，在英国，伯明翰市居民最懂得感恩，因为他们平均拥有29位朋友，表明他们有75%的感恩概率。而之所以会这样，英国《每日邮报》援引滕尼的分析报道，伯明翰人很爱交际。对他们而言，拥有好的朋友比什么都珍贵。

其实事实也的确如此，好的朋友才是人生中最宝贵的，因为他们是感恩的支柱。

　　如今有一句很流行的话是"感恩，不在于你知道什么或感谢什么，而在于你认识谁。"凡是头脑健全的人，几乎无人不知朋友的重要性。不管你是商界的领军人物，还是一名小职员，都不能逃脱这一规则的影响。

　　在我的工作生活中，到处可以看见出色却不幸福，同时不知道感恩的人，他们才华横溢、能力超群，有的甚至有着过人的非凡本领，但为何最终仍落了个不幸福的下场呢？究其原因，就是缺乏朋友！成功学大师卡耐基经过长期研究得出结论：专业知识在一个人成功中的作用只占15%，而其余的85%则取决于人际关系。所以，千万不要抱怨自己怀才不遇，倘若你真的是千里马，只需扩大朋友圈，就会遇到伯乐。

　　如今已不再是单枪匹马的时代，每个人都要在合作中求生存，谁都不可能成为电影里的孤胆英雄。在当今这个社会分工越来越精细化的时代，每个人的能力往往都局限于一个或者几个有限的领域里，一个人即使再有能耐，其力量也不过如一滴水之于大海。

　　世界富豪比尔·盖茨曾经说过，所谓幸福的工作，永远不是一个人花100%的力量，而是100个人花每个人1%的力量来完成的。单靠自己在黑暗中摸索，成功的希望微乎其微，也就谈不上幸福。

　　生活犹如一张蜘蛛网，朋友众多，才能在生活中左右逢源，才能幸福美满，才能抱有一颗感恩的心。这时，没有到不了的地方，也没有得不到的幸福。而一旦失去朋友这一宝贵资源，则必定在生活中如履薄冰，寸步难行。

　　事实就是如此，一个人交朋友的能力，直接决定他的人生发展和幸福。朋友多少决定幸福的多少，朋友层次的高低决定你幸福的大小。难怪美国石油大王洛克菲勒说，"我愿意付出比天底下得到其他本领更大的代价来获取与人相处的本领！"

先交朋友，再过生活，无疑是最具中国特色的人际交往模式。在某种意义上说，它已经成为中国人心照不宣的幸福"潜规则"。一个不懂游戏规则的人会被视为"傻子"，幸福又从何谈起呢？

聪明人不一定就能成功

在我们的周围，有这样一群年轻人，他们很多毕业于名牌大学，也顺利地进入了一流的公司，但是并没有坚持多长的时间。虽然原因是各种各样的，但归根结底是在人际关系上有所缺乏。比如赵晓海，他取得了名牌大学的 MBA 学位，在一流公司上班，虽然经常跳槽，但每次跳槽工资都会翻一番，并且持续升职。然而两年后，这种情况发生了逆转，他不但再也没有被提升过，而且还面临着失业的危机。他痛定思痛后得出一番结论："并不是能力的问题，而是我不懂得如何与大家交朋友，也不懂得通过感恩来净化自己的心灵。"

他说，同他一起进入公司的人，有几个长期留了下来，并且还有升职的，总结原因，并不是他们的能力如何突出，或者背后有什么关系，而是在下班后他们会经常与同事一起出去活动或吃饭。这样，他们之间建立起了一种牢固亲切的关系。这种关系，能让彼此在工作上受益。而那时的他，却疏忽了这一点，也因此丢失了工作，产生不幸福的情绪。

其实事情的确是这样的。世界上聪明的人很多，但是聪明不一定就能成功；默默地低头做事也很难获得成功。每个人都是团队和集体的一分子，要看到自己的身份和位置，发挥自己在团队中的作用，敞开胸怀，亲切待人，让自己周围的氛围轻松、和谐起来，让别人因为自己的存在更加受益，自己才能在这样的关系中得到成长。做到这一点，就能交到更多的朋友，生活也变得充实幸福起来，同时也会开心地感恩人生。

24　感恩的注册商标：微笑

荣格曾说，"如果要我来衡量什么是感恩，那只有一个标志，就是微笑。"

微笑真的这么重要吗？对此，梁逸馨有她自己的独到见解，她曾这样说："女人出门时若忘了化妆，最好的补救方法便是亮出你的微笑。因为只有拥有积极心态的人，才是最美的。"而那种积极的心态，就是感恩。可以说，微笑是感恩特有的注册商标。那么，是不是只有帅哥、美女，只有明星、名人的微笑才有魅力呢？其实不是这样的，只要你有一颗感恩的心灵，无论你富贵还是贫穷、美丽还是丑陋，你的微笑都能够打动人心。

至少还有微笑

在百货店里，有个衣着简朴的妇人带着一个约 5 岁的男孩在来回逛。母子俩走到一架快照摄影机旁，孩子拉着妈妈的手说："妈妈，让我照一张相吧。"妈妈弯下腰，把孩子额前的头发拢在一旁，很慈祥地说："不要照了，你的衣服太旧了。"孩子沉默了片刻，抬起头来说："可是，妈妈，我仍会面带微笑的。"妈妈一下子愣住了，然后情不自禁地在男孩头上亲了一下，说："对啊，至少还有微笑嘛。"然后开心的照了一张相。

母子俩那洋溢着幸福的微笑，感染了在场的所有人。

著名武侠作家古龙说过，懂微笑的人，才是真正懂得感恩的人。他说对了。因为，懂得微笑的人，就会有感恩的心态，而有感恩的心态，就不怕困难、不怕挫折，凡事都会认真努力去做，这样子奋斗了，幸福岂不就在不远处了吗？

虽然我们的容颜总有一天会衰老，我们的身材也总会走样，但我相信一个人美好的微笑却永远不会老，而这将是伴随一生的幸福标志。

话说回来，其实微笑在社交生活中也是能发挥巨大功效的。无论在家里、在办公室，还是在途中遇见朋友，只要你不吝惜微笑，立刻就会收到意想不到的良好效果。难怪有许多专业推销员，每天清早洗漱时，总要花两三分钟时间，面对镜子训练微笑，甚至将之视为每天的例行工作。

微笑正是打开感恩之门的金钥匙，是面对人生的最好勇气。发自内心的微笑是美好心灵的外现，也是心地善良、待人友好的表露，是一个人有文化、有风度、有涵养的具体体现。懂得对自己微笑的人，他的心灵天空将随之晴朗；懂得对别人微笑的人，将会拥有美丽的人生！

你愿意微笑吗？试试看，它可能会改变你的整个生活。因为微笑是和煦的春风，是快乐的精灵，是看不见的人生财富。

英国哲学家培根曾说，微笑不值一分钱，但它却能带来许多东西。它让获得微笑的人感到富有，又不损失微笑者一分一厘。

生活中，许多人认为，微笑着面对每一个人是件很困难的事，实际并非如此。只要你平时多对自己说"我想做一个懂得感恩的人，我喜欢微笑。"你肯定能做到这一点。每天睡觉前，你不妨学一学旅馆大王希尔顿，问自己："你今天微笑了吗?"

希尔顿的微笑

希尔顿年轻时，父亲因车祸去世，一家生活的重担全落到他的肩上，他想当一名银行家，决心去得克萨斯州实现这个梦想。他想买一家银行，当时希尔顿只有 5000 美元，但是银行经理出的价钱是 7.5 万美元，比他现在的资金高出好几倍。谁知两天后，不守信用的银行经理竟把价格提到 8 万美元。希尔顿非常气愤，他找到一家叫"毛比来"的旅馆休息，但是旅馆里已经住满了客人，他看见柜台前站着一个愁眉不展的人，赶忙走过去，问道："你是这家旅馆的主人吗？为何这样不开心啊?"

"不错，我是这家旅馆的老板。有这样一个旅馆，我怎么开心得起来啊，我早就想扔掉这见鬼的旅馆了。"

希尔顿灵机一动："老兄，祝贺你，你已经找到买主了。"

最终，他以 4 万美元买下了这家旅馆，而他自己只有 5000 美元，其余的钱全是借的。经过一些年的精心经营，希尔顿的事业向前迈进了一大步。

一天，他兴奋地把自己的成绩汇报给母亲，母亲却冷冷地说："我看你与以前差不多，并没有太大的改变，只不过你把领带弄脏了些而已。实际上你必须寻找一种更值钱的东西，除了真诚地对待顾客以外，你还应该想办法让每个住进希尔顿的人还想着再来住。当我坐在你的旅馆的时候，我的感觉是，这只是一家普通的旅馆，没有任何特别的地方，你的服务员在严肃认真地工作，虽然可能服务周到，但总是感觉不那么好，不像在家里一样舒适和幸福，你应该想一种简单的不花费本钱的方法吸引顾客，这样你的旅馆才会不断向前发展。"

对于母亲的忠告，希尔顿思索了很久，他想起了当初购买"毛比来"旅馆时的情景，店主在顾客面前总是表现出一副愁眉苦脸的样子，这对他启发很大，他终于想出了一种不花任何本钱却特别有效的办法，那就是"微笑"。

他要求员工们热情招待顾客，即使工作再累，心情再不好，也要微笑着面对每一个客人，让每一位客人都有宾至如归的温馨感觉。

结果，希尔顿的经营策略大获成功，他的事业不断发展，最终建立了"希尔顿帝国"，而人们一提及"希尔顿"这三个字，第一想到的就是感恩的微笑。

正是这种微笑既让员工感到了幸福，能够用感恩的心态来面对每一位顾客，也让顾客感觉到温馨。试想出门在外，看到这种迷人的微笑该有多么的舒适，微笑就是有这样一种魔力，这种魔力不仅能够给日渐枯萎的生命注入新的甘露，也会使你的人生开出幸福的花朵。

境由心生，境随心转。我们内心的思想可以改变外在的容貌，同样也可以改变周遭的环境。在陷入困境的时候，在解决彼此矛盾的时候，在谋求共同合作的时候，在竞争激烈的时候，真诚的微笑所起的作用都远远大于其他方法。

有位哲人说，"生活是一面镜子，你对它笑，它就对你笑，你对它哭，它就对你哭。"如果我们整日愁眉苦脸地生活，生活肯定愁眉不展；如果我们爽朗感恩地生活，生活肯定阳光灿烂。既然现实无法改变，当我们面对困惑、无奈时，不妨给自己一个笑脸，一笑解千愁。

而微笑的后面蕴涵的是坚实的、无可比拟的力量，一种对生活巨大的感恩和信心，一种高格调的真诚与豁达，一种直面人生的智慧与勇气。我们内心的思想可以改变外在的容貌，同样也可以改变周遭的环境，从而获得幸福。

因为不能流泪，所以选择微笑

在美国，有一位叫辛蒂的女士，她的故事是这样的。

1985年，当时还在读医科大学的辛蒂特别好玩、好动。有一次，她到学校后面的山上散步，带回一些长相奇特的蚜虫。她拿起杀虫剂为蚜虫去除化学污染，却感觉到一阵痉挛，原以为那只是暂时性的症状，一会儿就没事了，谁知道她的后半生因此而陷入不幸。

杀虫剂内所含的某种化学物质使辛蒂的免疫系统遭到破坏，使她对香水、洗发水以及日常生活中接触的一切化学物质一律过敏，连空气也可能使她的支气管发炎。这种"多重化学物质过敏症"的案例，到目前为止全球罕见，而且无药可医。

起初几年，她一直流口水，口腔里非常难受，而尿液则变成绿色，有毒的汗水刺激背部形成了一块块疤痕。她甚至不能睡在经过防火处理的床垫上，否则就会引发心悸和四肢抽搐。后来，她的丈夫用钢和玻璃为她盖了一所无毒房间，一个足以逃避所有威胁的"世外桃源"。辛蒂所有吃的、喝的都得经过选择与处理，她平时只能喝蒸馏水，食物中不能含有任何化学成分。

很多年过去了，辛蒂没有见到过一棵花草，听不见一声悠扬的歌声，感觉不到阳光、流水和风。她躲在没有任何饰物的小屋里，饱尝孤独之余，甚至不能哭泣，因为她的眼泪跟汗液一样也是有毒的物质。

然而，坚强的辛蒂并没有在痛苦中自暴自弃，她一直在为自己，同时更为所有化学污染物的牺牲者争取权益，争取幸福。1986 年，她创立了"环境接触研究网"，以便为那些致力于此类病症研究的人士提供一个窗口。1994 年辛蒂又与另一组织合作，创建了"化学物质伤害资讯网"，保证人们免受威胁。目前这一资讯网已有来自 32 个国家的 5000 多名会员，不仅发行了刊物，还得到美国、欧盟及联合国的大力支持。

她说："在这寂静的世界里，我感到很充实。因为我不能流泪，所以我选择了微笑，我始终认为，微笑着的我是健康的，也是幸福的。我对这个世界始终抱有感恩之心。"

没有力气哭泣了，我们就选择欢笑。没有心情悲伤了，我们就选择感恩。

生活是一曲快乐的歌谣，是一首感恩的乐章，我们要微笑着吟唱。失败了，我们也不沮丧，即使倒在地上，我们至少还可以微笑着闻一闻青草和泥土的清香，只有感恩的人才会有从容的微笑，只有从容的微笑才会有幸福的感觉。

25 心怀感恩，让梦想照进现实

当翻开历史，我们会发现从古至今各个领域的那些成功的人士，都是心怀感恩的，而他们都有一个非常突出的性格特点，那就是拥有不可磨灭的梦想。因为有梦想，所以他们有了天不怕地不怕的行动力，有了缜密大胆的思维力。他们对自己自信，勇于坚守梦想，感恩上帝给予的天赋。而埋葬梦想的人，也同样埋葬了自己的幸福。

那梦想到底是什么呢，答案是什么都可以是。当我们读到"王侯将相宁有种乎"这句话时，内心就会感受到一种莫名的鼓舞。是啊，命运是掌握在自己手里的。秦末农民起义领袖陈胜在千年前就认识到了这个真理，然而今天却仍有很多人懦弱地接受着命运的安排。要知道，没有谁生下来就是成功者，很多领域的领头军，往往出身艰辛。而他们后天的成功，则得力于他们感恩上天给予的本领，并且不放弃自己伟大的梦想。

盖茨的计算机王国

在比尔·盖茨小的时候，他可不是什么世界首富或软件大亨，只是一个懂得感恩的快乐的小男孩，他大概也不会想到自己几十年后会成为世界 IT 业的巨人，他只是想每天开开心心而已，他的梦想是拥有一台什么都能做的电脑，同时他还酷爱读书，有的时候读起书来竟忘了一切，尤其最喜欢读《世界图书百科全书》。常常一读就是几个钟头，对书的迷恋和狂热真是无人能比。盖茨说过，他曾一年读过数百本书籍，多么吃惊的数字呀！

在小盖茨的心里，实现梦想是最重要的事情，正因为有这样的梦想，所以很小的时候就有一颗强烈的进取心和独特机敏的性格，不管是在玩游戏还是在学习，盖茨总尽心尽力。这在同龄人中是非常罕见的，每次盖茨读洛克菲勒的著作时，心情总是很激动。少年的盖茨特别崇拜这位富豪，他经常用红色的笔在洛克菲勒的名言下画很多遍。比如有这么一句"即使把我浑身衣服剥光一个子儿也不剩地扔到沙漠中，但只要有一支骆驼队路过，我又会成为亿万富翁"，少年盖茨竟画了 18 遍之多，并且写上批注"努力争取就一定会赢得幸福"。

盖茨的父母对自己的儿子寄予厚望，他们把他送入西雅图收费最高的中学——私立湖滨中学读书。正是这所学校激发了比尔·盖茨智能的火花与创造力。

盖茨在湖滨中学认识了一个非常要好的同窗——保罗·艾伦。刚到这所中学时，盖茨经常一个人读关于电脑方面的资料，并且还千方百计地去寻找这方面的东西，保罗·艾伦也酷爱这方面的知识，而且还时不时给盖茨出些难题。拥有共同的梦想使二人成了最要好的朋友。

盖茨曾说："我们都被计算机能做任何事的前景所鼓舞……艾伦和我始终怀有一个伟大的梦想，也许我们真的能用它干出点名堂。"

从比尔·盖茨的青少年时代可以看得出，懂得感恩，拥有梦想并且为之努力是件多么重要的事情，有一次，老师让每个人都说说自己的梦想。当轮到盖茨时，他平静地站起来说："我要缔造一个关于计算机的王国，我要超过洛克菲勒的财富……"话未说完，课堂上爆发出长时间的嘲笑声，盖茨仍然平静地坐了下来，脸上没有什么不好意思，反而在他眼里有梦想的光芒在闪耀。

终于在这一伟大梦想的放飞下，一个微软帝国诞生了，一个世界首富也随之诞生了，他不仅成了亿万富翁，而且资产已超过了洛克菲勒的几十倍。所有的成绩与他那个幸福的梦想都是有很大关系。所以不管什么时候，只要我们想拥有幸福，只要我们有梦想，幸福就一定会不期而至。我一直这样认为，没有谁生下来就注定一生幸福，即使是那些含着金钥匙出生的人，也难免有坐吃山空的可能。然而，人们又确实是注定了幸福与不幸的，决定因素在于：你是否敢于抱有梦想，是否敢为了梦想放手去做。

刘一秒的"梦想"和"感恩"

刘一秒是著名的讲师，他的演讲和个人经历，深深地打动了成千上万的人。

刘一秒是思八达公司的一名主讲老师，在全国各地进行演讲。除此之外，人们冠以他的头衔还有：智慧型企业领袖、智慧思想传播者、一位传播积极向上思想的有心人、用心经营企业的智者，等等。看着这样一位神采飞扬、在演讲台上旁征博引、深受众多普通业务员和管理阶层人士敬佩的演讲者，你一定想不到，就在上大学时，他还是一个自卑、穷困、一无是处的孩子。

就在刘一秒也快要认为自己的人生就要在颓败中消磨、浪费时，一节保险公司的培训课激发了他身体里的热情。那堂课上，刘一秒全身的细胞似乎都燃烧了起来，他不停地举手提问。来自香港的培训师说："你具有成为潜能开发师的潜质！"

仅仅一节偶然参加的课程和一句鼓励的话语，让刘一秒重新定位了自己的人生。新的梦想就此起航：成为一名优秀的潜能开发师！

没有任何这方面经验与理论知识的刘一秒，不仅十分敢想，也相当敢做。他闯荡深圳，做了一名独立推销员，以激发自己的潜能。他推销的东西很多，如服装、化妆品、家用电器和书籍等。他随身携带上千张名片，见人就给，别人不要，他便想法子说服他要。过程困难重重。有一次，他找一个成功人士推销，去了十几次，仍无收获。最后一次，对方看见他就烦，把刘一秒递过去的名片当场撕掉。刘一秒被气得直掉眼泪，他说："您撕掉的不是一张名片，而是一个年轻人的梦想……"对方愣住了，半天才同样诚恳地说："对不起。"后来，对方成了他的顾客。

功夫不负有心人，仅仅两年，刘一秒便成长为业内小有名气的潜能开发师，受到许多企业和团队的邀请，每课时高达千元。大四那年，许多企业开出高薪诚聘他加盟，而他的大部分同学为了能找到一份月薪千元的工作，正拿着简历，苦苦奔波。

已过而立之年、家庭事业双丰收的刘一秒，可谓十分幸福。总结刘一秒从一个穷困潦倒的无名小子，摇身变为著名潜能培训师的过程，其结果主要得力于两个方面，即刘一秒的"梦想"和"感恩"。他敢于拥有梦想，同时也去努力行动，并且时时感恩，拉下脸面做很多年轻人不愿做的推销，这些使得刘一秒的人生注定精彩而幸福。就像著名哲学家萨特曾经说过的那样，"拥有梦想而不去行动的，不过是懦夫，幸福的人们从来是去做，而不是只说。"

我们都知道，如今这世界上有着太多不幸福的人，而其中很大一部分是穷人，但他们中的很多人只是甘于过穷日子，从来没有想过自己为什么这么穷，从来没有站出来说一句：总有一天，我也会变得很富裕。他们没有认清自己还有选择幸福的余地。而一个人的心态是否积极主动，对他能否幸福的影响是十分远大的。当你睁开双眼，用阳光的心态、积极的思考面对整个人生时，你就会发现，人生会以同样阳光、积极的状态回报你。

也许我们经常听到这样的话——"我很喜欢那个东西，但是我买不起""我买不起""我花不起"……没错，你是买不起，但至少应该感恩，你起码买得起食物，买得起药品。

事实上，除了感恩，你该选择另一种积极的态度。你应该说"是的，虽然现在我买不起，但总有一天，我要得到这个东西。"当你在心中建立了"要得到""要买"的想法，你就同时有了期待，心里就有了追求它的激情。千万不要摧毁你的希望，一旦你舍弃了感恩，那么你就把自己的生活引入了失望与不幸。

相同的石头，不同的命运

小时候，我们都听过这样一个寓言故事：过去在同一座山上，有两块相同的石头，三年后发生截然不同的变化，一块石头受到很多人的敬仰和膜拜，而另一块石头却受到别人的唾骂。这块石头极不平衡地说道："老兄呀，曾经在三年前，我们同为一座山上的石头，今天产生这么大的差距，我的心里特别痛苦。"另一块石头答道："老兄，你还记得吗，曾经在三年前，来了一个雕刻家，你害怕割在身上一刀刀的痛，你告诉他只要把你简单雕刻一下就可以了，而我那时想象未来的模样，

179

不在乎割在身上一刀刀的痛，甚至感恩于这个雕刻家，所以产生了今天的不同。"

其实两者的差别在于：一个是积极思考，关注想要的，并且不惧怕痛苦，懂得感恩；而另一个是消极思考，关注惧怕的，甚至盲目抱怨。积极的思考就像方向盘，如果一辆超级跑车没有方向盘，即使有最强劲的发动机，也一样会不知跑到哪里。同样，不管你希望拥有财富、事业、快乐，还是期望别的什么东西，都要以一种坚定的态度和行动去得到它。

而拥有积极的思考有一个明显的标志，那就是心怀感恩，并从不轻易抱怨。常听到一些人总是习惯性地抱怨，例如他们现在的不幸境况都是别人造成的、环境决定了他们的人生位置等。这些人常说他们的情况无法改变，有些人还迷信地说这都是命运的安排。但是我认为，这些境况并不是周围环境所造成的。说到底，如何看待人生，是积极还是消极，是由我们自己决定的。纳粹德国某集中营的一位幸存者维克托·弗兰克尔说过，"在任何特定的环境中，人们还有一种最后的自由，就是积极乐观的感恩态度。"

但积极的思考也不是盲目的积极，必须有所选择。想要获取幸福，我们必然面临无数选择，这既是我们的无奈，也是上帝赋予我们的权利。有些人对这些权利视而不见，总抱着顺其自然的态度。于是，他的人生也就自然而然平淡无奇了。我想说的是，既然决定权在我们手中，那么何不试试选择的威力？也许有一天，你会发现，积极的选择就像是一颗威力无比的炸弹，为你炸出一朵炫丽的幸福之花。

所以说，人生在世，无论谁都会面临困难和逆境。但陷入困境不一定就是件坏事，关键在于你如何面对。如果你能够正确面对，那么就有可能将困境转为幸福。就像我们无法决定天气一样，但我们可以选择心情；我们不能延长生命的长度，但可以选择提高生活的质量；我们控制不了生存环境，却能选择掌握自己的思想。就如同某期访谈节目中采访过的一个重量级的嘉宾，他就是"趋势科技"董事长张明正，从他的故事中，可以让人感悟到"幸福就在于积极思考和感恩"的哲理。

张明正在 12 年前，以 5000 美元在洛杉矶创业，几经沉浮，如今经营着世界上最大的单一软件公司，其市值达 100 亿美元，被权威杂志评为全球前 100 名最热门上市公司之一。而他本人曾连续两年被美国《商业周刊》推选为"亚洲之星"。

可是很少有人知道，张明正其实出身贫寒，而且自小贪玩调皮。在初中与高中阶段，他都是在"后进班"念书，因为成绩太差，没少挨老师的罚。第一年考大学失利，补习之后第二年才考上台湾辅仁大学应用数学系。张明正从不讳言这段经历，他说正是这些经历造就了他不患得患失、勇敢积极思考的性格，在创业历程中，张明正同许许多多别的成功人士一样，曾经受过败得一塌糊涂的打击，但他从不沮丧，总是抱着积极的心态，心想也许这只是一次小小的考验，然后每一次他都奇迹般地挺过，又另辟蹊径重新崛起，这其中固然有很多因素，但关键有一条是他有良好的心理素质和总是积极思考的感恩心态。

26 从感恩出发，才能接近幸福

西勒曾说过这样一句话——世界上最大的悲剧和不幸就是一个人大言不惭地说"没人给过我任何东西"，从而不去怀抱感恩之情。也许有些人不太明白，但随着慢慢成熟，总会想通，其实上天已经给了我们太多太多的恩惠了，足够让我们幸福，还有什么不满足呢？只要是对生活常怀有一颗感恩之心的人，即使遇上再大的灾难，也能熬过去。

某知名影星在采访中说，记得在他最困难的时候，曾经为了生计，做过一段时间的广告销售，每天拼命地打电话找客户，却连一份业绩都做不出来，当时他特别难受，甚至有些迷茫，觉得老天对他很不公平，由于做不出业绩，所以只能拿微薄的底薪，每天吃馒头就咸菜，甚至连吃包方便面都是奢侈。那段时间他一点儿也不幸福。但奇怪的是，他的同事小哲和他一样，一样的努力，一样的不出业绩，但却过得很开心，一点儿也不抱怨，小哲说的一句话，他时常想起，他说幸福就是方便面再来根火腿肠，听起来很好笑吧，幸福应该是山珍海味、满汉全席才对，怎么会是方便面加根火腿肠呢？但小哲就是这么理解的，并且每天都过得很快乐，小哲说大伙能有今天也很不容易了，换到几十年前，说不定馒头都没得吃，他笑小哲有点阿Q精神，可仔细一想，其实他说得没错。俗话说知足常乐，只有感恩的人才会满足，而满足就往往意味着幸福。

那时候，小哲总是给他讲日本"推销之神"原一平的故事。在原一平的奋斗史中，最受人们推崇的是"三恩主义"，即社恩、佛恩和客恩。

原一平作为世界公认的保险巨人，并被尊称为"推销之神"，但他并没有因此而傲慢自大，反而谦恭为怀，时时刻刻感谢公司的栽培，对公司怀一颗感恩的心，认为没有公司提供的平台，就没有今日的他，因此他十分尊敬公司，这就是社恩。

原一平一生的成功，除了自己的刻苦奋斗之外，串田董事长的知遇和栽培功不可没。不过，他内心里最感谢的是启蒙恩师吉田胜逞法师、伊藤道海法师，没有他们的一语道破及指点迷津，或许原一平还只是一名推销小卒呢！这就是佛恩。

对参加保险的客户以及周围合作的同事心怀感激，原一平说，他的所得除 10% 留为己用外，其余皆回馈给公司及客户。由于对公司有着感谢的胸怀，所以处处为公司的利益着想，为客户提供无微不至的服务，从而也锻炼了自己的能力，得到上司和客户的回赠，登上了事业的高峰。这就是客恩。

虽然国情不同，但感恩的心却可以是无国界的。感恩，可以使我们浮躁的心态得以平静下来，也使我们能够从全新的角度来看待身边的事物，让我们获得心灵的幸福。

感恩是一种处世哲学，是生活中的大智慧，是获取幸福的金钥匙。人生在世，不可能一帆风顺，种种失败、无奈都需要我们勇敢地面对、旷达地处理。当挫折、失败来临时，是一味地埋怨生活，从此变得消沉、委靡不振，还是对生活满怀感恩，跌倒了再爬起来？

其实感恩不纯粹是一种心理安慰，也不是对现实的逃避，更不是阿Q的"精神胜利法"。感恩，是一种歌唱生活的方式，它来自对生活的爱与希望。

感恩之情是滋润生命的营养素，它使我们的生活充满芳香和阳光。一个不懂得感恩的人，即使家财万贯，他仍是个贫穷的人；懂得报恩，才是天下最富有的人。

会感恩才知幸福

有一回杨素贞同著名歌手郑智化同台演出，对象是几千名有各种身体缺陷的残疾人。当天由于郑智化要赶飞机，所以行程很紧，只唱一首歌就必须赶往机场。在台上，他演唱了他的经典歌曲《水手》，唱完以后掌声雷动，郑智化挥手致谢，掌声没有停下来，反而越来越响。大家嚷着"再来一首""再来一首"，我们知道郑智化的情况，知道他很为难，正要上来为他解围，谁知他挥挥手，示意播放音乐，然后连续演唱了三首歌才下台。这时候已经赶不上飞机了。

杨素贞很奇怪他为什么这样做，于是上前问他，郑智化说："我本来打算离开，但我可以让你明白我为什么留下，你自己看看第一排的观众便会明白。"

原来，第一排坐着两个残疾人，一个只有左手，一个只有右手，他们正在一起鼓掌，而且拍得又开心又响亮。

回到后台后，郑智化意味深长地对杨素贞说，在那两名残疾人身上，他仿佛看到了当年的自己，他们并没有因为自身的残疾而自暴自弃，而是把掌声拍得响亮，笑得开心，他们的生理虽然是残疾的，但心理却绝对是健康的，谁说残疾人就不能开心幸福了。当一个人能从心底对自己的生命充满感恩意识时，他一定是快乐的、幸福的。

然后郑智化还给杨素贞讲了他自己的一个小故事。

在他还小的时候，曾经在叔叔的小吃店里帮忙，他注意到，大多数的顾客还是挺和气的，但有那么一位老太太，特别难伺候，每次总是挑这挑那，总会有毛病被她挑出来，虽然在他眼里，很多都无异于鸡蛋里挑骨头，终于有一次，他忍无可忍，不愿意再侍候她了。这时候，他的叔叔告诫他说："孩子，记住，这就是你的工作！不管顾客说什么或做什么，你都要记住做好你的工作，并以应有的礼貌去对待顾客。正是顾客的存在，咱们才能赚钱生活，咱们对顾客永远要有一颗感恩的心。"

叔叔的话让郑智化深受震动，许多年以后他仍不能忘记。这让他懂得，面对人生中各种各样的不顺心事，要始终保持感恩的态度，因为唯有折磨才能使你不断地成长，而只有不断成长，才有可能接近幸福。

其实，感恩是心理健康的一个衡量标准，是幸福人生的重要组成部分。它是一种深刻的感受，能够增强个人的魅力，开启神奇的力量之门，发掘出无穷的智能。感恩也像其他受人欢迎的特质一样，是一种习惯和态度。

会感恩的人，为人处世是主动积极、乐观进取、敬业乐群的，可以这么说，懂得感恩的人，才是幸福的人。

27 感恩人性，散发善良的人性之光

人的存在，就像篓子里的一堆螃蟹，你中有我，我中有你，纵横交错，息息相关，又相互伤害。但是，如果我们做事情之前都能多想想别人，以一颗善良的心行事，那么人与人之间的伤害就会被削减和免除，留下来更多的是关怀与真爱。

善良就如天使的翅膀，可以带来绚烂和美丽。只因你善良的回眸，可能就会使一颗在寒冬中挣扎的心享受到春的明媚。善良又如沙滩上的粒粒细沙，看似平凡琐碎，但又无处不在。

善心的回报

一个阴云密布的午后，大雨突然间倾泻而下，一位浑身湿淋淋的老妇，走进费城百货商店。看着她狼狈的样子和简朴的衣裙，所有的售货员都对她不理不睬。

只有一位年轻人热情地对她说："夫人，我能为您做点什么吗?"

老妇莞尔一笑："不用了，我在这儿躲会儿雨，马上就走。"

但是，她的脸上明显露出不安的神色，因为雨水不断从她的脚边淌到门口的地毯上。

186

正当她无所适从时，那个小伙子又走过来了，他说："夫人，您一定有点累，我给您搬一把椅子放在门口，您坐着休息一会吧！"两个小时后，雨过天晴，老妇人向那个年轻人道了谢，并向他要了一张名片，然后就消失在人流里。

几个月后，费城百货公司的总经理詹姆斯收到一封信，信中指名要求这位年轻人前往苏格兰，收取一份装潢材料订单，并让他负责几个家族公司下一季度办公用品的供应。詹姆斯震惊不已，匆匆一算，仅这一封信带来的利益，就相当于他们两年的利润总和。

当他以最快的速度与写信人取得联系后，方知她正是美国亿万富翁"钢铁大王"卡内基的母亲——就是几个月前曾在费城百货商店躲雨的那位老太太。

詹姆斯马上把这位叫菲利的年轻人推荐到公司董事会上，当菲利收拾好行李准备去苏格兰时，他已经是这家百货公司的合伙人了。那年，菲利22岁。

不久，菲利应邀加盟到卡内基的麾下。随后的几年中，他以一贯的踏实和诚恳，成为"钢铁大王"卡内基的左膀右臂，在事业上扶摇直上、飞黄腾达，成为美国钢铁业仅次于卡内基的灵魂人物。

灵魂最美的音乐是善良。如果你想要用爱或其他有价值的事物充实人生，也是同样的道理。付出和回收是一体的两面，如果你想要更多的爱、乐趣、尊重、成功或任何东西，方法很简单：付出。不要担心任何事情，人在做天在看，你所付出的一切都会带着利息一起回来！善良是不求回报的，当你做善事而心存回报的企图时，善良已然变味。然而，当你用一颗无私的心去付出时，你收获到的也将是累累的硕果。

帮助他人就是帮助自己，要时刻保持一颗同情心。我们不能对身处困境的人熟视无睹，那种丧失了同情心的人同时也会把自己推进冷漠的世界。

生活中，我们的确需要做一些高贵的善事来提升自己的灵魂，多为他人着想，也许表面上得不到任何的回报，但是我们的心灵却获得了丰收。

佛就在我们身边

漆黑的夜晚，一个远行寻佛的苦行僧走到一个荒僻的村落中。漆黑的街道上，络绎的村民们在默默地你来我往。

苦行僧转过一条巷道，他看见有一团晕黄的灯光正从巷道的深处静静地移过来。身旁的一位村民说："瞎子过来了。"

苦行僧百思不得其解。一个双目失明的盲人，他没有白天和黑夜的一丝概念，看不到高山流水，也看不到柳绿桃红的世界万物，他甚至不知道灯光是什么样子的，他挑一盏灯笼岂不可笑？

那灯笼渐渐近了，晕黄的灯光从深巷移游到了僧人的芒鞋上。百思不得其解的僧人问："敢问施主真的是一位盲者吗？"那挑灯的盲人告诉他："是的，从踏进这个世界，我就一直双眼混沌。"

僧人问："既然你什么都看不见，那你为何挑一盏灯笼呢？"盲者说："现在是黑夜吧？我听说在黑夜里没有灯光的映照，那么满世界的人都和我一样是盲人，所以我就点燃了一盏灯笼。"

僧人若有所悟地说："原来你是在为别人照亮？"但那盲人却说："不，我是为自己！"

"为你自己？"僧人又愣了。

盲者缓缓问僧人说："你是否因为夜色漆黑而被其他行人碰撞过？"

僧人说："是的，就在刚才，还被两个人不留心碰撞过。"盲人听了说："但我没有。虽说我是盲人，我什么也看不见，但我挑了这盏灯笼，既为别人照了亮，也更让别人看到了我自己，这样，他们就不会因为看不见而碰撞到我了。"

苦行僧听了，顿有所悟。他仰天长叹说，我天涯海角奔波着找佛，没有想到佛就在我的身边啊！

每个人都有一盏心灯。点亮属于自己的那一盏灯，既照亮了别人，更照亮了自己。善意地帮助别人，就好像一盏心灯。今天你帮助他人，给予他人方便，他可能不会马上报答，但他会记住你的好处，也许会在你不如意时给你以回报。

我们当中许多人都听过这个说法——付出是它自己的回报。这当然是真的，而且比任何理由更值得付出，付出还有一面可能会让人认不出来。付出是一种精力，不但帮助了他人，还为付出的人创造了更多。这是一条真实的自然法则，不论付出的人想要什么或究竟发生了什么事。

你帮助别人，他即使不会报答你的厚爱，但可以肯定的是，他日后至少不会做出对你不利的事情。如果大家都不做不利于你的事情，这不也是一种极大的帮助？生活的目标是善良。这是我们的灵魂所固有的一种感情。

佛家常说，放下屠刀，立地成佛。人生在世，谁都会犯错，有人甚至一错再错，陷入迷途而永不回头。但只要心底深处的善和良知尚未完全泯灭，他的灵魂便多了一份清净、亮丽。

善良，是一种温馨的力量，它总是很容易聚集人气，使你成为最受欢迎的一个。一个人的生命，除非有助于他人，除非充满了喜悦与快乐，除非养成对人人怀着善意的习惯，对人人抱着亲爱友善的态度，并从中得到喜悦与快乐，否则他就不能称得上成功，也不能称得上幸福。

死囚的遗书

监狱里，一个中年死囚将被行刑，他最后的要求是：看看今天的报纸。

他和报纸有着不解之缘。一天，找工作的他走累了，坐在马路边上，随手拾起一张破报纸，发现了一条致富消息，他就去干了，赚了一笔又大干起来，渐渐地走上了错路。

死囚随意地翻着报纸，然后，他的目光盯住了一则消息：本市某大学一名优秀的女孩患了肝功能衰竭，生命垂危。而她依旧乐观，每天都在医院里坚持学习。如果换肝，她就能得救。可她家境困苦，也没有人给她提供肝脏……

看完这则消息，死囚平静地喊来看管，要了纸和笔，写了一份遗书：

"我的心黑了，灵魂扭曲了，可我的肝脏还很健康，还有很强的生命力。请把我的肝脏移植给那位女大学生，她的路还很长，很美好。让我这个有罪之人为她的年轻生命做最后的一件事吧。我有一笔存款，是我用血汗挣来的，是干干净净的钱。我要求把这笔钱送给那位女大学生，作为她换肾的医疗费。如果允许的话，让我见一下她……"

几个星期后，报纸上又登出一则消息：本市患肝功能衰竭的女大学生移植肝脏成功，已重返校园……

爱心没有早晚。拥有它的人，既赠与他人幸福，又让自己的生命从容而无悔。古人说，朝闻道，夕死可矣。同样，爱与善何时回忆，对一个人而言，都不算太晚。

多一份付出，就像一盏大灯一样照着你自己，并使你更深层次地感悟：什么是人生？多份付出，能够使你确信你正在做正确而且有益的事情，他使你更能对自己的良知负责并且给你信心。多份付出，还在于它能使你强化自己的能力，并且追求更高质量的生活。因为，此时你拥有着最佳的心态，并借着有规律的自律行动，你将会越来越了解多付出一点点的整个过程和意义。

世界上到处有着给那些爱人者、助人者建立的纪念碑，如果这纪念碑不是用大理石或古铜建成的，那么就是建立在他人的心中，尤其是被受助者和被感动者的心中。如此说来，善良能给予人们莫大的收获。

在生活中，遇到困难的人，不管是你认识的还是不认识的，你都有义务伸出援助之手。只要还有能力帮助别人，就没有权利袖手旁观。

"腾出一只手"

陀思妥耶夫斯基二十多岁时写了一部中篇小说《穷人》，学工程专业的他怯生生地把稿子投给《祖国纪事》。编辑格利罗维奇和涅克拉索夫傍晚时分开始看这篇稿子，他们看了十多页后，打算再看十多页，然后又打算再看十多页，一个人读累了，另一个人接着读，就这样一直到晨光微露。他们再也无法抑制激动的心情，顾不得休息，找到陀思妥耶夫斯基的住所，扑过去紧紧把他抱住，流出泪来。涅克拉索夫性格孤僻内向，但此刻也无法掩饰自己的感情。他们告诉这个年轻人，这部作品是那么出色，让他不要放弃文学创作。

之后，涅克拉索夫和格利罗维奇又把《穷人》拿给著名文艺评论家别林斯基看，并叫喊着："新的果戈理出现了。"别林斯基开始不以为然："你以为果戈理会像蘑菇一样长得那么快呀！"但他读完以后也激动得语无伦次，瞪着陌生的年轻人说："你写的是什么，你了解自己吗？"平静下来以后他对陀思妥耶夫斯基说："你会成为一个伟大的作家。"

陀思妥耶夫斯基做出了反应："我一定要无愧于这种赞扬，多么好的人！多么好的人！这是些了不起的人，我要勤奋，努力成为像他们那样高尚而有才华的人！"后来陀思妥耶夫斯基写出了大量优秀的小说，成为俄国 19 世纪经典作家，被西方现代派奉为鼻祖。

格利罗维奇、涅克拉索夫、别林斯基因各自的成就赢得人们的尊敬，但同样令人们尊敬的是他们"腾出一只手"托举一个陌生人的行动。而且从最初他们就预料到这个年轻人的光芒将盖过自己，但圣洁的他们连想也没想就伸出了自己的手，为这个年轻人鼓舞了士气，指明了方向。

"腾出一只手"给别人肯定会牺牲自己的利益，别林斯基等三位伟大的艺术家虽然后来被陀思妥耶夫斯基抢了光芒，却因他的成功而使自己的人格举世皆知。生活中更多的"腾出一只手"者则是默默无闻的，因为不是每一个人都能像陀思妥耶夫斯基那样成为"不再重放的花朵"。然而"腾出一只手"给别人，在于过程，而不在于结果。无论被托举者最后是否伟大，无论能否得到回报，都不影响爱的价值，而爱最伟大的价值，就在于感恩。

28　敞开胸怀，开始做一个感恩的人

每一个人的心灵都有一扇窗。打开房间的一扇窗，清风就会透过窗台，吹拂到我们的脸上；花香也会随之而至，使整个房间充满香气。打开你的心窗，将真实的自己展示给众人，接纳别人的见解与主张，在与他人的分享与交流中感受一种思想共通的欢欣与喜悦。打开心窗，让阳光照亮你心中的每一个角落。

有一位老哲人说过，"世界上没有跨越不了的事，只有无法逾越的心。"这个心一旦被自己封闭起来就变成了"心域"，会限制我们潜质的发展。所以，要想获得幸福，最关键的是要拥有一颗感恩的心，开放自己的心灵，让自己能够与世界热吻。

自我的囚禁

一个人在他20多岁时因为被人陷害，在牢房里待了10年。后来冤案告破，他终于走出了监狱。出狱后，他开始了几年如一日的反复控诉、咒骂："我真不幸，在最年轻有为的时候竟遭受冤屈，在监狱度过本应最美好的一段时光。那样的监狱简直不是人居住的地方，狭窄得连转身都困难。唯一的细小窗口里几乎看不到阳光，冬天寒冷难忍；夏天

193

蚊虫叮咬……真不明白，上帝为什么不惩罚那个陷害我的家伙，即使将他千刀万剐，也难以解我心头之恨啊！"

75 岁那年，在贫病交加中，他最终卧床不起。弥留之际，牧师来到他的床边："可怜的孩子，去天堂之前，忏悔你在人世间的一切罪恶吧……"

牧师的话音刚落，病床上的他声嘶力竭地叫喊起来："我没有什么需要忏悔，我需要的是诅咒，诅咒那些施予我不幸命运的人……"

牧师问："您因受冤屈在监狱待了多少年？离开监狱后又生活了多少年？"他恶狠狠地将数字告诉了牧师。

牧师长叹了一口气："可怜的人，您真是世上最不幸的人，对您的不幸，我真的感到万分同情和悲痛！他人囚禁了你区区 10 年，而当你走出监牢本应获取永久自由的时候，您却用心底里的仇恨、抱怨、诅咒囚禁了自己整整 50 年！"

你是否也有类似的遭遇？生活中，一次次的受挫、碰壁后，奋发的热情、欲望就被"自我设限"压制、扼杀。你开始对失败惶恐不安，却又习以为常，丧失了信心和勇气，渐渐养成了懦弱、犹豫、害怕承担责任、不思进取、不敢拼搏的心理意识和习惯，这些裹足不前的意识渐渐地捆绑住你，让你陷在自我的套子里无力自拔，久而久之，你就失去了创造热情，再也奋发不起来了。其实过多的顾虑是没有必要的，人本身具有巨大的潜能，只要你勇敢地发掘，你就会发现，原来事情并没有自己想象的那样可怕，成功的大门是向所有人敞开的。

突破现状，超越自己

1940 年 6 月 23 日，在美国一个贫困的铁路工人家庭，一位黑人妇女生下了她一生中的第 20 个孩子，这是个女孩，取名威尔玛·鲁道夫。

威尔玛 4 岁那年，不幸患上了双侧肺炎和猩红热。虽然治愈，她的左腿却因此而残疾了，因为猩红热引发了小儿麻痹症。从此，幼小的威尔玛不得不靠拐杖行走。经历了太多苦难的母亲却不断地鼓励她，希望她相信自己并能超越自己。看到邻居家的孩子追逐奔跑时，威尔玛对母亲说："我想比邻居家的孩子跑得还快！"母亲虽然一直不断地鼓励她，可此时还是忍不住哭了，她知道孩子的这个梦想将永远难以实现，除非奇迹出现。

这个世界上没有那么多的"不可能"，只要你坚持不懈，生命中没有什么是不可战胜的。

经历了艰难而漫长的锻炼后，奇迹终于出现了！威尔玛 9 岁那年的一天，她扔掉拐杖站了起来。母亲一把抱住自己的孩子，泪如雨下。5 年的辛苦和期盼终于有了回报！

13 岁那年，威尔玛决定参加中学举办的短跑比赛。学校的老师和同学都知道她曾经得过小儿麻痹症，直到此时腿脚还不是很利索，便都好心地劝她放弃比赛。威尔玛决意要参加比赛，老师只好通知她母亲，希望母亲能好好劝劝她。然而，母亲却说："她的腿已经好了。让她参加吧，我相信她能超越自己。"事实证明母亲的话是正确的。

比赛那天，母亲也到学校为威尔玛加油。威尔玛靠着惊人的毅力一举夺得 100 米和 200 米短跑的冠军，震惊了校园。从此，威尔玛爱上了短跑运动，坚强而倔强的威尔玛为了实现比邻居家的孩子跑得还快的梦想，每天早上坚持练习短跑，即使练到小腿发胀、酸痛也不放弃。她想办法参加一切短跑比赛，总能获得不错的名次。

在 1956 年奥运会上，16 岁的威尔玛参加了 4×100 米的短跑接力赛，并和队友一起获得了铜牌。1960 年，威尔玛在美国田径锦标赛上以 "22 秒 9" 的成绩创造了 200 米的世界纪录。在当年举行的罗马奥运会上，威尔玛迎来了她体育生涯中辉煌的巅峰。她参加了 100 米、200 米和 4×100 米接力比赛，每场必胜，接连获得了 3 块奥运金牌。

生活中，没有任何困难或逆境可以成为我们畏缩不前的理由，当我们犹豫彷徨、怀疑自己时，看看这些身残志坚的人吧，她们在那样艰难的条件之下都能取得这样骄人的成绩，那么作为正常人，还有理由说自己真的不行吗？你是否曾经想学一门外语，却坚持不下来？你是否一直想开个创意店推行自己的创意，却没有自信？你想办个少儿培训班，却怕自己办不下来？你不试试怎么知道自己不行呢，大胆地突破现状，超越自己吧，你只有突破所有局限自己的障碍，开放自己的心灵，才能临近成功的脚步。

有时候，限制我们走向成功的，不是别人拴在我们身上的锁链，而是我们自己为自己设置的那个局限。高度并非无法超越，只是我们无法超越自己思想的限制，更没有人束缚我们，只是我们自己束缚了自己。

命运的门总是虚掩的

1968 年，在墨西哥奥运会的百米赛场上，美国选手海恩斯撞线后，激动地看着运动场上的计时牌。当指示器打出 9.9 秒的字样时，他摊开双手，自言自语地说了一句话。

后来，有一位叫戴维的记者在回放当年的赛场实况时再次看到海恩斯撞线的镜头，这是人类历史上第一次在百米赛道上突破 10 秒大关。看到自己破纪录的那一瞬，海恩斯一定说了一句不同凡响的话，但这一新闻点，竟被现场的 400 多名记者疏忽了。

因此，戴维决定采访海恩斯，问问他当时到底说了一句什么话。

戴维很快找到海恩斯，问起当年的情景，海恩斯竟然毫无印象，甚至否认当时说过什么话。

戴维说："你确实说了，有录像带为证。"

海恩斯看完戴维带去的录像带，笑了。他说："难道你没听见吗？我说：'上帝啊，那扇门原来是虚掩的。'"

谜底揭开后，戴维对海恩斯进行了深入采访。

自从欧文斯创造了 10.3 秒的成绩后，曾有一位医学家断言，人类的肌肉纤维所承载的运动极限，不会超过每秒 10 米。

海恩斯说："30 年来，这一说法在田径场上非常流行，我也以为这是真理。但是，我想，自己至少应该跑出 10.1 秒的成绩。每天，我以最快的速度跑 5 千米，我知道百米冠军不是在百米赛道上练出来的。当我在墨西哥奥运会上看到自己 9.9 秒的纪录后，惊呆了。原来，10 秒这个门不是紧锁的，而是虚掩的，就像终点那根横着的绳子一样。"

后来，戴维撰写了一篇报道，填补了墨西哥奥运会留下的一个空白。不过，人们认为它的意义不限于此，海恩斯的那句话，为我们留下的启迪更为重要。

命运的门总是虚掩的，它会给我们留下一道开启的缝隙，可是我们情愿相信那是一睹不可穿越的墙。于是，我们独特的创意被自己抹杀，认为自己无法成功致富；告诉自己，难以成为配偶心目中理想的另一半，无法成为孩子心目中理想的父母、父母心目中理想的孩子。然后，开始向环境低头，甚至开始认命、怨天尤人。

这一切都是我们心中那条系住自我的铁链在作祟罢了。或许，你必须耐心静候生命中来一场大火，逼得你非得选择挣断链条或甘心遭大火席卷。或许，你将幸运地选择了前者，在挣脱困境之后，语重心长地告诫后人，人必须经苦难磨炼方能得以成长。

其实，面对人生，你还有一种不同的选择。你可以当机立断，运用我们内在的能力，当下立即挣开消极习惯的捆绑，改变自己所处的环境，投入另一个崭新的积极领域中，使自己的潜能得以发挥。

你愿意静待生命中的大火？甚至甘心遭它席卷，低头认命？抑或立即在心境上挣开环境的束缚，获得追求成功的自由，从而感恩生命中出现的一切？

这项慎重的选择，当然得由你自行决定。

29 用感恩来为爱营造一个空间

　　人类的成长总要伴随着改变，比如我们和父母的关系。从我们不赖在父母怀里开始，距离正渐渐拉开。后来我们不习惯在父母面前说心里话，不喜欢听他们的唠叨，却愿意和朋友促膝长谈，在日记里写下长篇累牍的心事。时间久了，才发现自己和父母的疏远。我们努力地建立起自己的空间，也就意味着父母的世界开始残缺。

　　他们虽然期待孩子长大，一旦孩子真的长大了，他们会感到失落。这是一种难以名状的矛盾心情，只有做了父母的人才能深谙其中的味道。父母也经历过成长，他们理解孩子，不会有过多的苛求。但无论父母还是孩子，心中都有一种渴望，渴望消除彼此之间的距离，回到最初的融洽。与父母交流意见，会在无形中拉近心与心的距离，是一种很不错的沟通方式。聊天几乎不受什么限制，随时随地都可以进行，在自然亲切的氛围中，就能完成一次深入的沟通。

　　有人说，孩子每天和父母聊天五分钟，不仅能促进情感交流，还能使人心情愉快，改善家庭成员间的关系。有位著名的艺人在接受访谈时说，由于工作原因他很少在家，为了保持和女儿的亲密关系，他只要回家就和女儿聊天，最短半小时，告诉对方在分开的这段时间里自己都做了什么。

这种聊天就像在填补感情上的空白，不让亲情有疏远的机会。和父母聊天的机会很多，我们也可以主动去创造一些适合聊天的氛围。在母亲做饭的时候，过去给母亲帮忙，一边择菜一边拉家常，这种氛围轻松而随便；早晨陪父亲去跑步，休息的时候聊几句，心里会充满活力和朝气；最好能经常拉上一家人去散步，走在"吹面不寒"的轻风里，用渐渐平静下来的心品味这一刻，有花有草，有说有笑，或许会在一瞬间有所领悟：原来这就是生活，是幸福的本来面貌。和父母聊的，可以是鸡毛蒜皮的生活琐事，也可以是自己感兴趣的事，家人之间无所顾忌，打开话匣子，只管信马由缰好了。

父母最关心的始终是孩子，要常和他们说说学校的情况，让他们知道自己在生活、学习、思想上的进展；和他们聊聊你的偶像，你喜欢的歌星，让他们更接近你的世界；在翻看旧照片的时候听父母讲讲他们年轻时的往事，在悠悠的时空隧道里漫游，和他们一起怀念逝去的时光；最重要的，我们要关注父母的健康。要留心父母的生活起居，经常询问他们的身体状况。父母整天忙碌，对自己的身体并不在意，作为孩子，我们要学会体贴、照顾父母。

父母的健康就是我们最大的幸福。常和父母聊天，像小时候躺在父母怀里那样，把心靠在父母的心上。成长也好，改变也好，有了理解和关爱，任何隔膜都不能在我们心里扎根，都会在最短的时间内烟消云散，留下一个月明风清的美好空间。

"谎言"背后的心酸

有这样一个小故事，初看时觉得很有意思，看完后却是一阵心酸。

一天，正准备去上班的儿子接到母亲的电话。"听着，孩子。我不想让你难过，但我必须告诉你我和你爸的决定，我们决定离婚了。我跟他一起生活快 30 年了，我受够了，再也不能这样下去了。"

母亲悲哀又坚决地说。"别这样，妈妈!"儿子急切地喊道，"不要冲动，一切等我回去再作决定，我这个周末一定回去。"挂了电话，他又马上打给在另一个城市读书的弟弟，弟弟前几天告诉他暑假不回家了，要和同学去旅游。"你要冷静，听着，爸妈要离婚了，怎么办?""我的天! 这怎么可能?"弟弟吼了起来，"得回去阻止他们，哥。"兄弟俩决定周末回家，弟弟不放心，又拨通家里的电话。这次接电话的是父亲。弟弟的声音如潮水般凶猛地冲击着父亲的耳膜，主题是：不能离婚，我们周末回家。父亲放下电话，转过身既开心又忧虑地说："好了，他们可以回来过中秋节了。可是，下次我们该怎么说?"这个故事让我们清楚地看到了父母们的孤独。

"下次我们该怎么说?"你体会到这句话背后的心酸了吗?

不要让自己的父母感到孤独，在家的时候常和他们聊聊天，离家时记得常写信、常打电话，能回家就尽量回家，做到了这些，也就学会了感恩。常和父母聊天，把你的心靠在父母的心上。和他们一起谈天说地、说古论今，在起伏的笑声里，去感受那份人间温情。

成长的路上磕磕绊绊，总要伴随着对父母的反抗和挣脱，好像不如此不足以证明自己已经长大。曾经以为"横眉冷对"父母的时刻自己很勇敢，终于离开家，经历的人生第一味便是苦涩。

当那些被我们当做"耳旁风"的教导在现实中一一验证之后，才突然醒悟：当年的自己是多么荒唐，竟那样理直气壮地伤害父母。也只有在这时，"感恩"两个字才有了真正的分量。

任性的逃离是一种伤害，成长是件很不容易的事。经常看见一位年轻的母亲跟在正在学走路的孩子身后，那份专注丝毫不逊于参加高考的学生。她担心孩子跌倒，恨不能替孩子走脚下的路。一旦跌倒了她会从头到脚把孩子检查一遍，生怕孩子受伤，脸上的焦虑那么明显。把这个瞬间放大了就是我们的成长，父母专注的眼神始终跟在我们身后。孩子的"一发"会牵动父母的"全身"，任何一点微小的损伤都让他们焦虑不安。不同的是，孩子小时候会依赖这种关切，长大了却想逃离。

父母的爱太密集，无微不至，连让风吹进来的缝隙都没有。正是因为有了这样全面的爱，我们才能平安地长大。可等我们长大了，最先学会的是用挑剔的眼光看待这份爱。对那些日复一日的唠叨产生反感，认为生活中那些琐碎的指点多此一举，认为他们总爱干涉我们的判断和选择，告诉我们"这样不对"或是"那样更好"。于是反抗的情绪慢慢滋长，开始和父母顶嘴、争吵，很多话我们不假思索地脱口而出。当时我们并不知道那是一种伤害，还沾沾自喜地沉浸在小小的胜利中，那是多么无知啊！对于父母的爱，应该有清醒的认识。

在他们眼里，孩子永远都是孩子，他们习惯了教育和帮助孩子，习惯了付出，可能意识不到自己的孩子已经长大了，所以他们的爱没有减损，方式也没有改变。对于孩子，激烈的反抗是不可取的，反抗一片爱心是最不理智的行为。我们可以给他们一些提示，让他们意识到孩子长大了，能自己作决定，他们不必再为这样的琐事操心了。如此这般，父母还会感到欣慰。在对与错的问题上，也要避免和父母发生争执。即使是父母的问题，我们也要学会包容。

想想自己从小到大，犯的错误何其多呀：把父亲的剃须刀当玩具拆了，夏天把鱼缸放进冰箱里为鱼儿们解暑……每次父母笑着提起这些往事我们都不肯承认，因为父母的宽容让错事变成了趣事，他们可以原谅我们荒诞不经的过往，我们为什么不能在他们的错误面前表现出宽容？更何况，我们认为的父母的错误，又有多少是真正的错误，有多少是源于我们认识和经验的局限？

有人这样描写过他眼里的父亲——"小时候，父亲很伟大，总能轻而易举地解决我的所有困难，那时，我心目中的父亲是无所不能的；长大一些后，我发现父亲也会犯错误，父亲不再是我心里的神，因为父亲也有瑕疵；后来，我比父亲还高了，觉得父亲既平凡又保守，很多想法都落伍了，我不再需要父亲的指点；再后来，我也成了父亲，我想"那个固执的老头儿有时候也是对的"；等我的儿子也开始反抗我了，我想"我得回去看看我的父亲了，我要向他道歉，我曾经不止一次地伤害过他"；有一天我也老了，父亲早已去世，我经常怀念自己的父亲，我想：他是一个多了不起的父亲呀！"

一碗面条的启示

他也忘了是因为什么和母亲发生争论的，只是后来说话的声音越来越大，最后他忍不住喊了起来，争论成了争吵。

母亲说了些他很不爱听的话，说他不懂事、没出息，说他脑子里也不知道天天在想些什么，说他参加那些社团是荒废学业。他在一气之下跑出家门，真想再也不回来了。母亲追出来问他去哪儿，他也懒得回答。他一路生着闷气，虐待着路旁的植物，心想：我怎么有这样的妈妈，把我说得一无是处，好像我不是他儿子，倒像路旁的一堆垃圾。走着走着，他觉得饿了。路旁的小餐馆里炒菜的香味扑面而来，他经不住诱惑走了进去。找个靠窗的位子坐定，他才猛然间想起自己没带钱。他一脸不好意思地看着拿着菜单站在面前的老板，然后站起来，准备走人。"没带钱？"老板试探着问。

他难堪地笑笑。"我请你吃碗面条吧，像你这样的大小伙子是不禁饿的，我儿子一回来就狼吞虎咽。坐下等着。"老板慷慨地说。他确实饿极了，想着以后再把钱送来，于是又坐下。一阵冷风吹进来，往外一看，竟然下起淅淅沥沥的雨。也好，更有理由留下了，他想。吃完热乎乎的面条，地面已经湿了。

他真心真意地对老板说了很多感谢的话，老板说："趁雨还不大，快回家吧，天要黑了，别让家里人担心。"老板的话像催化剂似的，在他心里起了一连串的"化学反应"，一碗面条都让他如此感激，而母亲给他做了这么多年饭他却没说过一声谢谢，还怨声不断，天天惹母亲生气。他一路跑回家，看到母亲正在门口张望，没打伞，衣服已经湿了。

或许母亲只是出来看看，所以没拿伞，但出来以后她就忘了回去。他响亮地叫了声"妈，我饿坏了，饭好了吗？""早好了，就等你回来。"母亲看他身上不太湿，知道他没淋雨，放心地笑了。父母的怒气像雪花，下得多，化得也快。不管他们嘴上怎么说，在他们心里，我们永远都是他们最爱的孩子。我们要用一颗感恩的心，去体察父母每句话背后的深意。

棋盘上的人生

父亲是个棋迷，他是在象棋的"熏陶"下长大的，经常在旁边看父亲一路"过关斩将"，他基本上就无师自通了。一天，他在外面把对手杀了个落花流水后，回到家非要和父亲交手，父亲也来了兴致，于是父子俩摆开了阵势。"我让你一车一炮。"父亲豪迈地说。"那我就不客气了。"

他满不在乎，当头一炮对准了父亲的中心大营。"好小子，一开始就来硬的。"父亲谈笑间就化解了他的第一拨攻势，几个回合下来，他已经损兵折将了。他这才意识到自己刚才被胜利冲昏了头脑，"谨慎，谨慎，再谨慎。"他告诫自己，可对手毕竟是父亲，他刚从那几个败将身上积累的制胜招数，在父亲面前根本没机会施展。正抓耳挠腮时，突然发现父亲的漏洞，他迅速拿起自己的车长驱直入，直导"黄龙"，嘴里大声喊着"将"。

可谁知战"车"还没停稳，就被父亲凌空飞起的"骏马"踩在蹄下。他连忙说："不算不算，重来。""那怎么行，下棋要有棋风，悔棋算不得君子。"就这样，在痛失了车之后，他元气大伤，乱了阵脚。最后，他的将竟然被父亲的过河卒子逼得走投无路，只好缴械投降了。"儿子，你知道自己输在哪里了吗?"父亲问。"技不如人呗。"他说。"这不是全部。你开始时急功近利，求胜心切，没有很好地排兵布阵，又不珍惜自己的一兵一卒，让他们'阵亡得没有价值；在失利的情况下自乱阵脚，不能仔细分析形势，失去了反击的机会；还有，你开始时轻敌，后来又轻视了最不该轻视的东西。"

父亲说着举起那个过河卒，在他眼前晃了晃。然后拍拍他的肩，继续说，"想想吧，儿子。人生如棋，做人跟下棋一个样，好好想想，这些东西你以后用得着。"父亲站起身走了。他一直盯着那盘残局，回味着父亲的话。

棋盘里蕴藏着微妙的人生。父母总是通过各种方式，费尽心机给我们启发和教导。我们应该铭记这些教导，走好自己的人生。谁拒绝父母对自己的教导，谁就首先失去了做人的机会。作为父母，他们最大的成功也许就是：在其有生之年，能够根据自己走过的路来启发、教育孩子。

世界上有一个地方，很宽阔，容得下我们一生的喜忧。任何时候，我都可以毫无顾忌地去投奔，困了、累了、受伤了，就蜷缩在里面安睡。那个地方就是父母的怀抱——我们生命的起点、灵魂的归宿、感恩的家园。

30 常回家看看，平安是感恩的桥梁

著名作家冰心有一首很美的小诗：

倘若在永久的生命中只容有一次极乐

应允我要至诚地求着我在母亲的怀里

母亲在小舟里

小舟在月明的大海里

这首诗意境优美，如果诗中没有"母亲"的意象，读者会联想到空旷、辽远、惬意之类的词，有了"母亲"的意象，读者的联想就成了温暖、感恩、幸福的意境了。

家就是这样一个神秘的所在，因为有父母和他们的爱，每次想到家，心里都暖融融的。小时候我们都意识不到家的重要，觉得有个家是最自然不过的事。随着年龄的增长还会觉得家是一种束缚。很多争吵和不愉快的事都是在家里发生的，回到家就要受各种各样的管束，连穿哪件衣服都会有分歧。失去了随心所欲的自由，没有了个性的张扬，家越来越像个牢笼。

于是不止一次地扬长而去，头也不回。再大一点，有了理想和责任感，知道了为父母的期望去努力，为家的荣耀而奋斗，按照"家"的希望成长，这时又觉得家成了一种负担。于是在心里暗暗发誓：我一定要闯出一片自己的天地，离开家，拥抱自由。大多数人的成长都经历过这样的思想历程，当时对家的认识只是阶段性的。真正认识家，是从离家的那一刻开始的。

第一次远行总是怀着一些忐忑，不知道前面会有什么样的境遇，在与父母挥手告别的瞬间才发现家是最让人安心的地方。刚开始一个人生活总是乱七八糟，才知道父母每天把生活打理得井井有条是多么不容易。在外面，时刻要注意别人对自己的看法，要不断地修正自己以期达到别人眼中的"完美"，才知道只有在父母的屋檐下能做回真实、轻松的自己，在父母看来我们都是最好的，独一无二，这是宠爱的极致。

后来经受了挫折，尝到了失败的苦涩，当理想摇摇欲坠的时候，每个夜晚都被孤独和迷茫浸泡着，才体会到父母走过这几十年的风雨人生是多么艰难，才深谙"浊酒一杯家万里"的愁肠。也就在这个时候才明白，无论身在何处，家永远是我们刻骨铭心的想念，是和我们的心靠得最近的地方。我们都无法为自己选择故乡，父母的住地就是我们一生一世的精神家园。当我们为了理想去浪迹天涯的时候，家却偷偷溜进我们的行囊，如影随形。以后不管有多大的成就，总有一份无可依傍的漂泊感。

"春风已自绿天涯，望极天涯不见家"，对父母的挂念、对家的牵绊是无法淡漠的。儿女的脚步会流淌成一条河，河的源头就在那个叫做"家"的地方，在父母的心坎上。"想得家中深夜坐，还应说着远行人"，空间的距离再遥远，我们都走不出父母爱的领域，走不出窗前那一帘温暖的灯光，走不出用血脉亲情连缀成的小小院落。异乡的繁华永远是陌生的，离开家以后才醒悟：我们最向往、最想回去的地方，就是我们曾经不顾一切想要逃离的地方——我们的家。

在车站里听到这首《回家》，那种心情真是难以诉说。印度有句谚语——被孩子遗忘的父母，犹如无叶的树木。为了不让父母生活得像"无叶的树木"那样单调和孤独，在和父母一起生活的时候，要尽量让他们快乐；在离开家的时候，要记得回家的路，常回家看看。

回家的路

高中时她开始住宿，因为路远，每个月只能回家一次。每到月底，她都很兴奋，回家那天，兴奋便达到极点。她总是忍不住提前好几天就收拾要带回家的东西，那个不大的旅行袋每个月都要经历一次劫难，被她装了倒，倒了装。

本来毫无意义的事情，她却乐此不疲。舍友都觉得好笑，对她说："不就带几件衣服回去吗，用得着这么兴师动众吗？"她笑笑说："我在体验回家的感觉。"她是家里的独生女，以前从来没离开过家，一个月已经是她忍耐的极限了。

那一天正是回家的日子，她比考了第一名还高兴。可太阳一直没有出来，天越来越沉。她的高兴渐渐转为忧虑，不住地在心里祈祷老天爷善待她。但她无力回天，中午的时候雨洋洋洒洒地飘下来，教室里唏嘘一片，所有人都为回不了家遗憾着，只有她除外，因为她已经痛心疾首了。同学们开始放弃了回家的念头，另作打算。但她做不到，她难以想象回不了家接下来的一个月该怎么过。

也许雨一会儿就小了，她自欺欺人地想，坐立不安地等待。终于，她等不下去了，决定就这样回家。同桌用"你疯了"的惊讶表情看着她，但她义无反顾。后来同桌还经常开她玩笑，说她当时的表情像革命烈士。等骑上车行驶在雨里时她才发现真是寸步难移。雨水模糊了视线，她干脆把眼镜摘下来，跟着感觉走，反正路上就她一个人。

鞋和裤腿一开始就湿透了，雨水往里流，汗水往外渗，身上的衣服也湿透了。她已经不能思考了，只剩一个念头：往前走。不知过了多久，公路终于到了尽头，还有最后一段土路，现在已经是泥路了。刚一拐弯听到有人叫她，她以为是幻觉，紧接着又是一声。她转头，隐约看到路边有人。"爸！"她在下一秒喊了出来，"你怎么……"

她这才发现自己已经快虚脱了，疲惫和兴奋让她说不出话来。父亲赶紧接过她手上的自行车。"你妈不放心，怕你死心眼儿非要往回赶，叫我来等着。"她好像听见父亲这么说。这么大的雨，他等了多久呀，想到这些，她的眼泪夺眶而出，比雨水还要汹涌。多么可爱的固执啊！我们在想家的时候，父母也正在想念着我们。不要以为回一次家很辛苦，父母和我们付出的一样多，而他们是那么甘心情愿。但愿每个人脚下的那条回家路都能风雨无阻。

父亲在家等你

有个男孩，他在上初中时学会了抽烟，经常放学后不回家，和几个同学在公园的角落里边抽烟边聊天。一天很晚了他还在外面，焦急的父亲出来找他，正看到他点燃一支烟往嘴里送的一幕。

男孩当时惊呆了，准备挨父亲的一顿痛打，但父亲只是严肃地看着他，他从父亲的眼神里看到了心痛和悲伤，那目光像鞭子一样抽打着他。父亲说："你见到我儿子了吗？如果见到替我告诉他，他的父亲在家里等他。"

然后转身走了。男孩愣了很久，突然对同学说："我要回家了，我爸爸在家等我呢。"我们的父母也在家里等着我们，牵挂着我们。所以，把握好自己，不要让父母为你担心。在生活中处理好自己的事，让父母相信你有能力照顾好自己，把握好自己生命的舵，不要伤害最爱你的人。

母亲的"唠叨"

还有一个故事是这样的。

上大学是他第一次出远门，因为太远了，由南向北要几天的路程，所以他没让父母去送他。他说自己已经长大了，会照顾自己，而且还和几个同学一起走，不会有事。在他的劝说下，父母终于不再坚持，但临走时还是千叮咛万嘱咐。

好不容易上了车，把行李放好，几个大男生的话匣子就拉开了。他们猜想着自己要去的学校，描述着即将到来的大学生活，好像梦想就在他们前面，一伸手就能抓住似的。想到以后的生活完全由自己主宰了，那种激动也让他们难以安静下来。一整天，他们都是在极度兴奋的状态下度过的。窗外的景物渐渐变得模糊，车厢里的灯亮了。长时间的兴奋让他们忽然感到疲劳。"你们聊，我先和周公他老人家叙叙旧。"最先闭上眼的同伴喃喃地说。这时车厢里也安静下来。他一直没听见手机响，顺手掏出来一看："呀！这么多未接来电，我怎么没听见？"他大叫。

那个闭上眼的同学还没来得及和周公握手就被他吵醒了，不满地

211

说："喊什么呀？我刚……"不等同学说完，他又说："23 个未接来电，都是家里的号码，不会有什么事吧？"他的心里开始打鼓，大家也都愣了，这时电话又响了，他急忙按下接听键："喂，妈，家里有事吗？"

他迫不及待地问。"家里没事，你怎么一直不接电话？快把我们急死了。""车厢里太吵，没听见。真的没事吗？"

"没有，就是不放心，想嘱咐你几句……"他的心颤抖着，紧紧咬着下嘴唇，强忍着快要流下来的眼泪。母亲的这些"唠叨"他听了十几年，一直不以为然，刚才还在为"拥抱自由"而兴奋，而此时此刻，他明白了这些话的分量。

挂了电话，大家都盯着他的手机发呆，接下来，他们几乎同时去掏自己的手机，然后，每个人的表情都变得很复杂。"你，几个？"他指着对面的同学问。"12 个未接，3 条短信。""你呢？""7 个。""你？"他问去见周公的那个同学。"没电了。"

大家面面相觑。"该打电话的打电话，该换电池的换电池，都愣着干什么？"他说。此话一出，众人如梦方醒，行动之迅速令人难以想象。在某一个特殊的时刻才发现父母的牵挂是那么深长。试想一下，一直拨不通电话，他们的心里该是怎样的一种焦灼呀！不要以为这种爱缺乏理智，只有父母才会这样爱你。

感动之后要告诉自己：一定要对得起这份爱，照顾好自己，让自己平安。

寒流？暖流

天气预报说从蒙古国上空形成的一股寒流会在未来几天影响我国大

部分地区，并且会一路南下。他赶紧打电话给在外上学的女儿，告诉她寒流要来了，多穿衣服，别感冒。

女儿在电话的另一端笑他小题大做，"天气这么好，我还穿裙子呢。别老是为这点小事嘱咐我了，好像我永远长不大似的。明天我就把大衣拿出来，行了吧？有大事吗？"他说没有，接着听到女儿干脆的声音，"再见，老爸。"说着挂断电话。他理解女儿的心情，想当年父母为这些小事叮嘱他时，他也是这种态度。想到这里，他才意识到也应该提醒一下在老家的父母。这时，电话响了，是父亲："天气预报说有寒流，别只知道工作，记得多穿衣服。你妈不放心，特意让我嘱咐你的。还有，多喝水。"父亲越来越啰唆了，但在他听来是那么温暖。

他已经不是小孩子了，他也是父亲，知道这份心意是多么厚重。"我知道，爸，你们放心。家里怎么样，变天了吧？""嗯，下了一天的雪。"听父亲这么说，他心里袭上一阵愧疚，父母离寒流最近，可他最先想到的却是远在南方的儿子，怎么会这样呢？他反省着，暗暗对自己说，以后一定要更加关心父母。

同时，他心里也被一股暖流充斥着，都几十岁的人了，还被父母像小孩子一样心疼着，这是生命中多么慷慨的赐予呀，那一刻，他对上苍充满感激。孩子的平安是父母最大的心愿，是亘古不变的情怀。

让我们珍惜自己，善待生命吧，这是对父母最好的感恩、最大的宽慰。也别忘了，像爱自己一样爱父母。"事，孰为大？事亲为大；守，孰为大？守身为大。不失其身而能事其亲者，吾闻之矣；失其身而能事其亲者，吾未闻也。孰不为事？事亲，事之本也；孰不为守？守身，守之本也。"这是孟子的论断。

　　我们也常说"身体是革命的本钱"。身体也同样是感恩的本钱，让自己平安，才能为父母做更多的事、尽更多的孝，这是最简单也最深刻的道理。小时候，总是抬起头，用仰望的姿势看着自己的父母，那时觉得他们好伟大，能主宰生活是多么惬意的事啊！后来，他们的腰身慢慢不再挺拔，我才明白生活的担子有多沉重。为人父母是这世间最繁重的一份职业吧，终其一生，没有一天是假日。

　　而这份浓浓的亲情，值得感恩一生。